내 원대로 마옵시고

네비게이토 선교회는
국제적이며 복음적인 기독교 기관이다.
예수 그리스도께서는 자기를 따르는 자들에게
"너희는 가서 모든 족속으로 제자를 삼으라"
(마태복음 28:19)는 지상사명을 주셨다.
네비게이토 선교회는 세계 모든 국가에서
예수 그리스도의 일꾼들을 배가시켜
이 지상사명의 성취를 돕는 것을
근본 목표로 하고 있다.

네비게이토 출판사는
네비게이토 선교회의 문서 선교를 담당하고 있다.
본 출판사에서는 그리스도인의 영적 성장을 돕는
서적과 자료들을 출판하여,
그리스도인의 삶의 기초가 견고한
헌신된 제자로 성장하게 하고,
나아가 성숙한 인격과 지도력을 갖춘
일꾼이 되도록 돕고 있다.

Translated by permission
Title originally published in English as
THE TRIUMPH OF SURRENDER by NavPress
Copyright ⓒ 1987 by William Fletcher
Korean Copyright ⓒ 1989, 2023
by Korea NavPress

THE
TRIUMPH OF
SURRENDER

FINDING HARMONY IN GOD'S PLAN

WILLIAM FLETCHER

TO KNOW CHRIST AND TO MAKE HIM KNOWN

차 례

저자 소개 ··· 7
머리말 ··· 9

제1부 완벽한 계획
1. 인간의 의문 ······································· 15
2. 하나님의 청사진 ······························· 23
3. 이 세상에서 보여 주신 본 ················ 37

제2부 하나님 아버지의 돌보심
4. 준비를 위한 연단 ······························· 51
5. 성숙을 위한 연단 ······························· 71
6. 교정을 위한 연단 ······························· 85
7. 능히 이루게 하심 ······························· 99
8. 함께해 주심 ······································· 115

제 3 부 우리의 반응

   9. 하나님의 사랑을 신뢰함 …………………… 133
 10. 하나님의 인도를 따름 ……………………… 147
 11. 하나님의 용서를 경험함 …………………… 159
 12. 하나님의 돌보심에 내맡김 ………………… 169

저자 소개

월리엄 플레처 박사는 목회자로서 그리고 뛰어난 성경 교사로서 일평생 주님을 섬겼으며, 또한 네비게이토 선교회의 간사로서 미국과 유럽 및 국제본부에서 여러 가지 사역을 훌륭히 담당했습니다. 그는 개인 성경공부 및 제자삼는 사역 등에 사용할 교재를 개발하는 데도 탁월하게 섬겼습니다.

머리말

왜 '하나님께 굴복하는 삶'에 관한 책을 쓰게 되었는지 궁금해할지도 모르겠습니다. 어느 날, 목회를 하는 아들과 함께 하나님께 굴복하는 삶에 대해 이야기를 나누었습니다. 우리는 하나님을 향한 굴복과 연관하여 건전한 성경적인 가르침이 필요하다는 데 공감하였습니다. 그때 아들이 "아버지께서 연단에 관한 책을 쓰시는 게 어떻겠습니까?" 하고 제안했습니다. 그 말을 듣고 나는 이 일에 대해 기도를 해 보게 되었고, 기도를 하면 할수록 책을 써야겠다는 확신이 커졌습니다.

어떤 이들은 이따금 나더러 매우 연단된 사람이라고들 합니다. 이 말을 들을 때면 참으로 당혹감을 느끼게 됩니다. 사도행전 14장의 바울과 바나바와 같이 외치고 싶은 심정입니다. 루스드라 사람들은 바울이 앉은뱅이를 고치는 것을 보고

"신들이 사람의 형상으로 우리 가운데 내려오셨다"라고 하면서 바울과 바나바에게 제사를 지내려 했습니다. 그때 두 사도는 옷을 찢으며 이렇게 외쳤습니다. "우리도 너희와 같은 성정을 가진 사람이라." 나 역시 연단에 관해서는 다른 사람들과 똑같이 날마다 씨름하며 연단에 힘쓰고 있는 평범한 사람일 뿐입니다.

하나님과 동행하기 위해서는 연단이 되어야 한다고 믿습니다. 그러나 많은 사람들이 연단의 중요성을 받아들이는 데 어려움을 느낍니다. 연단받는 삶에 대해 갈등을 느끼기 때문만 아니라, 연단 자체를 부정적인 시야로 보기 때문입니다. 하나님께서 하나님의 자녀들을 연단하시는 것을 일종의 징벌이라 생각하기에 두렵게 느껴집니다. 이런 사람들은 개인적인 연단이나 훈련도 부정적인 시야로 봅니다. 그래서 삶에서 훈련을 할 수도 없거니와 훈련을 하려고 하지도 않습니다.

연단은 하나님과 그 자녀들 사이의 사랑의 관계에서 중요한 역할을 하고 있는데도, 이 사실을 이해하지 못하고 있는 그리스도인들이 의외로 많습니다. 많은 이들이 이 영역에서 하나님께 잘못된 반응을 나타내는 것을 보면서, 이를 올바로 이해하도록 돕는 것이 하나님의 뜻이라는 생각이 들었습니다. 결론은 모든 그리스도인들이 연단에 대해 더 잘 이해할 필요가 있으며, 그 출발점은 하나님께 굴복하는 데 있다는 사실입니다. 이 책은 이러한 '굴복'에 초점을 맞추고 있습니다. 이제 우리는 갈등을 그치고 우리를 사랑하시는 하나님 아버지의 품에 기쁜 마음으로 안겨야 합니다. 그러면 하나님과 발맞추어 동행하면서 우리 주님의 형상을 닮아 가는 기쁨과 영원한 즐거움이 가득한 삶을 경험하게 될 것입니다.

제 1 부

완벽한 계획

1
인간의 의문

"**왜** 제게 이런 일이 일어나죠?" 30대 후반인 그 부인은 내 사무실을 찾아와 자기를 괴롭히고 있는 많은 문제를 털어놓으면서 신경질적으로 손수건을 잡아당기고 있었습니다.

"왜 저는 제대로 되는 게 없죠? 하나님께서는 다른 사람에게는 복을 주시면서 제게는 전혀 주시지 않는 것 같아요. 산 넘어 산입니다. 하나님께서 과연 저를 사랑하시는지 의심이 들 때조차 있습니다."

조금 후 남편이 왔는데, 그도 마찬가지 생각을 하고 있었습니다. 그들의 삶은 끊임없는 갈등의 연속이었습니다. 그 모든 일에서 그들은 어떤 의미도 찾을 수 없었습니다.

결국 이것이 인간에게 있는 의문입니다. 분주한 매일의 삶에서 일어나는 일들에 대해 사람들은 의미를 찾아보려고 합니다. 우리가 알고 있는 그 이상으로 다른 사람들도 이따금 걸음을 멈추고 자기에게 일어나는 일들의 의미에 대해 생각해 봅니다.

사람들은 의미 있는 삶을 살기를 진정으로 원합니다. 그러나 애석하게도 많은 사람들이 공허감과 고통과 불만족으로 가득한 가슴을 안고 답을 알 수 없는 의문투성이의 인생길을 터벅터벅 걸어가고 있습니다. 극단적인 길을 택하는 사람들이 점점 늘어나는 이유도 아마 이 때문일 것입니다. 한 대학생이 다음과 같은 비관적인 글을 남겼습니다. 그는 어쩌면 많은 사람들의 생각을 대변하고 있는지도 모릅니다.

관심 있는 분들에게,
나는 누구죠? 왜 살고 있지요? 삶은 시시하고 목적도 없습니다. 아무것도 더 이상 의미가 없습니다. 대학에 들어올 때 품고 있던 의문은 아직도 풀리지 않았고, 이제는 답이 없다고 확신하게 되었습니다. 이 세상은 오직 고통과 죄와 절망이요, 계속 살아 봤자 견딜 수 없는 좌절감, 공허감, 절망감만 더할 뿐입니다. 오히려 죽음과 미지의 세계에 대한 공포가 훨씬 더 감당할 만합니다.

답은 무엇일까요? 자아를 첫자리에 두면 궁극적인 의미를 찾게 될까요? 왜 그리스도를 구세주로 영접하여도 삶의 의미와 목적에 관한 문제가 저절로 풀리지 않는 걸까요?

불신자들만이 삶의 의미와 관련된 의문과 씨름을 하고 있을까요? 아닙니다. 그리스도인이라고 하면서도 삶의 의미에 대해 분명히 알지 못하고 있는 사람들이 많습니다. 어떤 만족스러운 답도 발견하지 못한 채 힘없이 인생길을 걸어가고 있습니다. 누군가가 "우주의 법칙을 거슬러 행동해 봤자 자기만 고달플 뿐입니다"라고 했습니다. 하나님께서는 행복하고 만족스러운 삶을 살게 해 주시겠다고 하는데도 많은 사람들이 그 제안을 거절하고 각기 제 길로 가는 것은 참으로 애석한 일입니다.

삶에 대해 하나님보다 자신이 더 많이 알고 있다고 생각하기 때문일까요? 아마도 자기 아버지보다 자기가 인생을 더 잘 알고 있다고 생각한 어떤 젊은이와 비슷합니다. 그는 대학에 들어갈 때까지도 그런 생각을 가지고 있었습니다. 그러나 대학을 졸업하고 사회생활을 하면서 비로소 아버지가 자기보다 인생을 훨씬 더 잘 알고 있다는 것을 깨닫고 놀라게 되었습니다. 우리도 곤경 가운데 있을 때는 하나님께서 하시는 일이 이해가 되지 않을 수 있지만, 어느 정도의 시일이 지나면 하나님께서 옳았다는 사실을 알고 놀랄 때가 많습니다.

우리 생각대로 살아가고자 하면 많은 문제에 부딪칩니다. 앞에 있는 인생길을 미리 걸어가 본 것이 아니기 때문에 예측할 수 없는 위험을 발견하게 됩니다. 그러나 하나님께서는 이사야 45:2에서 놀라운 약속을 해 주셨습니다. "내가 네 앞에 먼저 가서 모든 장애물을 제거하겠다. 청동의 성문들도 내가 산산조각으로 박살을 내버리고 무쇠 빗장도 쳐서 부러뜨리겠다"(현대어 성경). 그러므로 다음과 같은 현명한 충고에 귀를 기울이십시오. "하나님을 가르치려 들지 말라. 다만 따르기만 하라."

"삶이 왜 이다지도 불공평하지?" 또는 "주님, 왜 이런 일이 있습니까?" 등의 질문과 씨름하고 있는 사람들이 있습니다. 이들에게는 하나님이 불공평한 분으로 보입니다. 예기치 않은 장애물, 정신적 고통, 이유를 알 수 없는 상황 변화 등을 너무나 자주 겪습니다. 이러한 어려움을 겪게 되면, 어떤 사람들은 "주님, 왜 이런 일이 일어납니까?"라고 물을 뿐만 아니라, "주님, 왜 하필 제게 이런 일이 일어납니까?"라고 묻기도 합니다. 이런 사람들에게는 그런 일이 도무지 이해가 되지 않습니다. 실제로 "나의 삶은 이것보다는 더 나아야 마땅해!"라고 생각하는 사람들도 있습니다.

그러한 사람들에게는, 하나님은 노하고 벌하기를 좋아하시는 것처럼 보입니다. 인기 만화인 피넛츠에서, 루시는 어린 동생 리누스에게 다음과 같이 말합니다.

루시: 왜 그러니?
리누스: 손가락을 다쳤어.
루시: 아하! 넌 벌을 받고 있는 거야. 너 최근에 무슨 잘못한 일이 있지?
리누스: 난 잘못한 게 하나도 없어!

루시: 넌 손가락을 다쳤지? 그건 불행이야. 불행이란 네가 잘못한 게 있기 때문에 벌로서 오는 거야!

그렇습니다. 많은 사람들이 루시와 같은 생각을 합니다. 그들은 하나님을 잘 노하시고 보복을 좋아하시는 분으로 여깁니다. 그래서 삶에서 겪게 되는 달갑지 않은 경험은 모두 자신의 과거의 잘못에 대한 하나님의 벌이라고 생각합니다. 영화 사운드 오브 뮤직에서 트랩 대령과 마리아가 처음으로 서로에게 사랑을 고백하는 장면이 나옵니다. 그때 마리아는 자신에게 일어나고 있는 이 일에 대한 놀라움을 사랑의 노래로 표현합니다. 그 노래는 매우 아름답고 로맨틱하기도 하지만, 엄밀하게 보면 문제가 있습니다. 마리아는 새로 발견한 자신의 행복을 노래하면서, "나의 약하고 초라한 과거에도 진리대로 산 적이 있었나 봐.… 틀림없이 어린 시절에 착한 일을 한 적이 있었나 봐"라고 말합니다.

가사가 그럴 듯하게 들리기는 하지만 성경적이지는 않습니다. 은혜의 하나님이 변하시기라도 했다는 말입니까? 성경은 하나님께서 "우리를 구원하시되 우리의 행한 바 의로운 행위로 말미암지 아니하고 오직 그의 긍휼하심을 좇아 중생의 씻음과 성령의 새롭게 하심으로 하셨나니"라고 말씀합니다(디도서 3:5). 하나님께서는 우리가 행한 의로운 행위로 말미암지 않고 하나님의 긍휼하심을 좇아 복을 베푸십니다. 비슷한 생각을 하는 많은 그리스도인들처럼 루시와 마리아는 하나님께서 그러한 변덕스런 인간의 특성을 가지고 계신 것으로 생각하고 있습니다.

하나님께서는 우리가 하나님과의 완전한 조화 가운데 동행하며, 하나님과의 교제를 즐기며, 하나님께서 주시는 복을 누리도록 창조하셨습니다. 우리는 하나님과 긴밀하게 동행할 때라야 이 세상에서 삶의 의미를 찾을 수 있습니다. 사실 우리가 하나님께 더 가까이 나아가면 한때 우리를 괴롭혔던 "왜?" 또는 "왜 내가?"와 같은 의문은 덜 중요해집니다. 그 대신 하나님께 대한 신뢰가 커 가고, 하나님 안에서 소망이 커집니다. 의문 부호는 마침내 감탄 부호로 바뀝니다.

제임스 패커는 다음과 같이 확신 있게 말합니다. "하나님을 아는 사람들에게는 큰 만족이 있습니다. 지금까지 하나님을 알아 왔고 또 하나님께서도 자신을 잘 알고 계신다는 친밀한 관계 속에서 살고 있는 사람은 이 세상에서뿐 아니라 이 세상을 떠날 때와 그리고 영원한 세계에서까지 누릴 하나님의 은총을 확신합니다. 그 마음에 이러한 확신이 충만한 사람들이 갖는 평강보다 더 큰 평강은 없습니다."

많은 이들이 인생의 의미와 만족을 찾으려고 필사적으로 노력합니다. 하지만 삶의 핵심 포인트를 놓치는 경우가 허다합니다. 이와 연관하여 패커는 이렇게 말합니다. "우리는 무엇을 위해 창조되었습니까? 하나님을 아는 삶을 살도록 하기 위해서입니다. 그렇다면 삶의 목표를 어디에 두어야 하겠습니까? 하나님을 알아 가는 데 두어야 합니다."

예수님께서는 이 점에 대해 아주 명확하게 말씀해 주셨습니다. "영생은 곧 유일하신 참하나님과 그의 보내신 자 예수 그리스도를 아는 것이니이다"(요한복음 17:3). 처음에 우리는 예수님을 앎으로써 구원을 받습니다. 하지만 사도 바울은 이후에도 끊임없이 예수님을 알아 가고 더 깊이 알고자 하는 열망이 있었으며 이것이 그의 삶의 주된 목표였습니다. "…내가 바라는 것은 다만 참으로 그리스도를 알고 그리스도를 다시 살리신 전능한 능력을 체험하고 그리스도와 함께 고난을 당하고 그리스도와 함께 죽는다는 것이 무엇을 의미하는가를 아는 일입니다"(빌립보서 3:10, 현대어 성경).

이와 같이 하나님을 알아 가고자 하면 치러야 할 대가가 있습니다. 고린도전서 1:9 말씀과 같이 하나님께서는 우리를 그 아들 예수 그리스도와 교제하는 삶으로 부르셨기 때문에, 틀림없이 우리로 그리스도를 더 알아 가도록 역사하실 것입니다. 우리 삶에서 하나님께서는 목적을 가지고, 점진적으로 그리고 대개는 이해할 수 있게 역사하십니다. 사랑이 많으신 하나님 아버지께서는 자녀들을 가까이에 두시려고 역사하십니다. 우리가 하나님을 사랑한다면 기꺼이 사랑의 돌보심에 자신을 맡길 것입니다. 고통을 느낄 때도 그리고 현재 겪고 있는 것이 잘 이해가 되지 않을 때도 하나님을 신뢰할 것입니다.

우리가 하나님께 반항하며 제 길로 가기로 고집하면 하나님의 목적에서 벗어납니다. 나의 길을 갈 것인가, 아니면 하나님의 길을 갈 것인가? 나의 뜻을 이룰 것인가, 아니면 하나님의 뜻을 이룰 것인가? 많은 경우 둘 사이에 경쟁이 벌어집니다.

어느 길을 가느냐 하는 것은 우리의 선택에 달려 있습니다. 우리 자신의 길을 가기로 선택하면 불만족과 해결되지 않는 의문과 무의미한 삶이 이어질 것입니다. 반면에, 삶의 통치권을 하나님께 내어 드리면 삶의 진정한 의미를 발견할 뿐 아니라 참된 만족을 얻게 될 것입니다. 오랫동안 미국 의회 원목으로 섬긴 로이드 오길비 박사는 올바른 선택을 했을 때 자연적으로 따라오는 만족에 대해 다음과 같이 말했습니다. "평강은 의지의 산물입니다. 그것은 우리의 뜻을 하나님의 뜻에 굴복시켰을 때만 소유하게 됩니다."

이 사실이 이 책의 초점입니다. '나의 길로 갈 것인가, 하나님의 길로 갈 것인가? 나의 뜻을 좇을 것인가, 하나님의 뜻을 좇을 것인가?' 하는 것입니다. 하나님께서는 우리를 위하여 완벽한 계획을 가지고 계십니다. 그 계획은 하나님을 영화롭게 할 뿐 아니라 또한 우리 삶에 참된 의미와 만족을 주는 계획입니다. 하나님의 크신 사랑을 신뢰하십시오. 하나님께서는 우리에게 하나님의 가장 좋은 것을 주십니다. 또한 하나님의 놀라운 지혜를 신뢰하십시오. 우리를 최선의 길로 인도하십니다. 하나님의 사랑과 지혜를 믿고 우리 삶을 하나님께 내맡길 때 우리는 가장 복된 삶을 살게 되리라 믿습니다.

2
하나님의 청사진

다음과 같은 어느 시인의 말은 성경의 중요한 교훈 하나를 잘 나타내었습니다. "하나님을 사랑하는 사람에게 우연히 일어나는 일은 없다. 모든 일은 하나님의 사랑의 손으로 계획하신 것이다."

우리 삶은 우연한 사건의 연속이 아닙니다. 사랑의 하나님께서 하나님을 사랑하는 사람들의 삶 속에서 역사하고 계시는 것입니다. 하나님께서는 손을 우리 위에 펴시고, 하나님의 완벽한 계획에 따라 우리 삶을 주관하시며 우리 길을 인도하십니다.

시인은 이어서 다음과 같이 말했습니다. "하나님을 사랑하는 사람들, 주님의 손 안에 있는 우리에게 우연히 일어나는 일은 없다. 돌아오는 몫, 걷게 되는 길, 치르게 되는 대가가 어떠하든 우연이 아니요 다 계획된 것이다."

하나님의 계획은 완벽합니다. 그 안에는 슬픔도 있고 기쁨도 있으며, 언제나 하나님께서 우리를 위해 세워 두신 완벽한 목표를 이루어 나갑니다. 하나님을 알아 갈수록 이 사실을 더 잘 이해하게 됩니다. 예를 들면, 하나님께서는 완벽하시며, 언제나 하나님의 인격에 부합되게 행하신다는 사실을 알게 됩니다. 에이든 토저는 "중요한 것은 우리가 하나님에 대해 올바르게 생각하는 것이며, 하나님에 대한 우리의 생각이 하나님의 참모습과 최대한 일치해야 합니다"라고 했습니다.

훗날 우리가 하나님의 존전으로 들어갈 때 우리는 깜짝 놀라게 될 것입니다. 이러한 놀라운 경험을 이사야 6장에서 약간 엿볼 수 있습니다. 이사야는 1절에서 "웃시야왕의 죽던 해에 내가 본즉 주께서 높이 들린 보좌에 앉으셨는데 그 옷자락은 성전에 가득하였고"라고 말합니다. 이사야는 또한 스랍들의 찬양을 기록합니다. "거룩하다, 거룩하다, 거룩하다, 만군의 여호와여. 그 영광이 온 땅에 충만하도다"(3절).

이 경험을 통해서 이사야는 적어도 부분적으로는 하나님의 거룩하심에 대해 올바르게 이해하게 되었으며, 또한 그때 자신의 상태에 대해서도 올바로 깨닫게 되었습니다. 이 사실은 이사야 자신의 간증을 통해서도 알 수 있습니다. 그는 거룩하신 하나님 앞에서 자신에 대해 느낀 바를 기록하고 있습니다.

화로다, 나여. 망하게 되었도다. 나는 입술이 부정한 사람이요 입술이 부정한 백성 중에 거하면서 만군의 여호와이신 왕을 뵈었음이로다. (5절)

이사야의 경험을 통하여 우리는 하나님께서 우리를 하나님께, 또한 하나님의 계획에 온전히 굴복시키기 위해 어떻게 역사하시는지 조금 알 수 있습니다. 보좌 주위의 광경은 하나님의 속성에 대해 얼마간 보여 줍니다. 하나님께서는 거룩하십니다!

무엇보다도, 하나님께서는 아무렇게나 기분 내키는 대로 행하시는 분이 아니요, 질서 정연하게 역사하시는 분입니다. 하나님의 모든 활동에서 질서와 균형을 잘 찾아볼 수 있습니다. 창조 사역에서도 그러했습니다. 하나님께서는 만물을 질서 정연하게 다루시며 영원히 그렇게 하실 것입니다.

하나님께서는 언제나 계획에 따라 행동하십니다. 당신과 나를 포함하여 이 우주를 위한 하나님의 계획, 아들을 통한 인류의 구속 계획 등 모든 하나님의 계획은 영원 전에 주의 깊게 짜였습니다. 그리고 하나님의 계획은 피조물의 유익을 위한 것입니다. 이것이 섭리입니다. 예레미야 29:11 말씀은 피조물에 대한 하나님의 계획을 보여 줍니다. "나 여호와가 말하노라. 너희를 향한 나의 생각은 내가 아나니 재앙이 아니라 곧 평안이요 너희 장래에 소망을 주려하는 생각이라."

우주의 위대한 건축가이신 하나님께서는 해와 달과 지구와 모든 별과 온갖 정교한 동식물을 창조하셨습니다. 이것은 우연히 된 일이 아닙니다. 모두 완벽한 계획에 의해 된 일입니다. 창세기 1장은 거룩하신 건축가이신 하나님께서 설계도에 따라 정교하게 일하고 계신 것을 아름답게 기술하고 있습니다. 하나님께서는 모든 것을 의도적으로 행하셨습니다. 그분은 미리 계획을 짜서서 정확하게 그대로 실행하셨습니다. 그렇기 때문에 창조 과정을 끝마치신 후 둘러보시고 만족하실 수 있었습니다. 창세기 1:31에 이렇게 기록되어 있습니다. "하나님이 그 지으신 모든 것을 보시니 보시기에 심히 좋았더라.…"

시편 기자는 하나님의 창조 사역에 대해 묵상하고는 깊이 감탄했습니다. "여호와여, 주의 하신 일이 어찌 그리 많은지요? 주께서 지혜로 저희를 다 지으셨으니 주의 부요가 땅에 가득하니이다"(시편 104:24). 하나님께서 영원한 계획에 따라 우리를 만드셨다는 사실을 깨달을 때 우리 또한 감탄을 연발하게 됩니다. 다윗은 자신을 하나님의 주도면밀한 계획의 산물로 보았습니다.

> 내 형질이 이루기 전에 주의 눈이 보셨으며 나를 위하여 정한 날이 하나도 되기 전에 주의 책에 다 기록이 되었나이다. (시편 139:16)

그렇습니다. 하나님께서는 계획에 따라 행하십니다. 그리고 하나님의 계획에는 인류의 구속 계획도 포함되어 있습니다. 이 일에서도 모든 것이 영원한 청사진에 따라 진행되었습니다. 예수님께서 이 세상에 오시는 시기까지도 치밀하게 정해졌습니다. 그래서 갈라디아서 4:4에서는 "때가 차매 하나님이 그 아들을 보내사 여자에게서 나게 하시고 율법 아래 나게" 하셨다고 말씀하는 것입니다. 이 계획은 세상이 창조되기 전에 이미 하나님의 마음속에 자리하고 있었습니다. 요한복음 1장에서는 그리스도께서 태초부터 계셨다는 사실과 하나님의 목적을 성취하시기 위해 이 땅에 오신 사실에 대해 말씀합니다(1-5절). 또한 요한계시록 13장에서는 구속 계획에 대해 이야기합니다. 마지막 날을 사는 성도들을 묘사하면서, 죽임을 당한 어린양의 생명책에 창세 이후로 그들의 이름이 기록되어 있다고 말합니다(8절).

여기서 알 수 있듯이 하나님께서는 영원 전에 세우신 계획을 가지고 계시고, 그 계획에 따라 역사해 오셨습니다. 하나님께서도 하나님의 계획 아래 자신을 두신 것입니다. 그렇습니다. 하나님께서는 질서 정연하게 일해 오셨습니다! 질서 정연함, 이것은 하나님의 완벽하신 성품의 일면입니다. 하나님께서는 아무렇게나 역사하지 않으십니다. 경솔하신 분이 아니십니다. 하나님께서는 미리 계획하신 대로 행하십니다.

하나님의 계획이 어떠하며 하나님께서 그 계획을 얼마나 주도면밀하게 수행하시는지를 묵상해 보면, 하나님께서는 사람들과 얼마나 다르신지를 깨닫게 됩니다. 하나님의 계획이나 실행 과정에는 흠이 있을 수 없습니다. 이사야 46:9-10

에서 하나님께서는 미리 계획하시고 그에 따라 질서 정연하게 실행하시는 자신의 성품에 대해 다음과 같이 말씀하셨습니다.

> 너희는 옛적 일을 기억하라. 나는 하나님이라. 나 외에 다른 이가 없느니라. 나는 하나님이라. 나 같은 이가 없느니라. 내가 종말을 처음부터 고하며 아직 이루지 아니한 일을 옛적부터 보이고 이르기를 "나의 모략이 설 것이니 내가 나의 모든 기뻐하는 것을 이루리라" 하였노라.

바벨론의 느부갓네살왕은 하나님과 하나님의 계획은 변치 않는다는 사실을 알게 되었습니다. 어떤 피조물도 하나님께 도전하거나 하나님의 계획을 변경시킬 수 없다는 사실을 깨달았습니다. 호된 시련을 통과한 후 다음과 같이 말했습니다.

> 땅의 모든 거민을 없는 것같이 여기시며, 하늘의 군사에게든지 땅의 거민에게든지 그는 자기 뜻대로 행하시나니, 누가 그의 손을 금하든지, 혹시 이르기를 "네가 무엇을 하느냐?" 할 자가 없도다. (다니엘 4:35)

하나님께서 이토록 질서 정연하게 역사하신다는 것은 정말 놀라운 일입니다. 또한 하나님께서는 다른 누가 부과한 어떤 외적인 법도 따르지 않으신다는 사실을 우리는 기억해야 합니다. 그런 일은 결코 있을 수가 없습니다. 고린도전서 2:16에서는 하나님의 이러한 면을 분명히 말씀하고 있습니다. "누가 주의 마음을 알아서 주를 가르치겠느냐?" 하나님께서는 그분 자신의 법과 스스로 세우신 계획에 따라 행하십니다.

창세기를 보면 하나님께서는 에덴동산에 완벽한 사회를 만드시려고 계획하신 것을 알 수 있습니다. 하나님께서 에덴동산을 창설하시고 "그 지으신 사람을 거기 두셨습니다"(창세기 2:8). 더 나아가 아담이 살아가는 데 필요한 모든 것도 공급해 주셨습니다(2:9). 그곳은 실로 낙원이었습니다. 사람에게 필요한 것은 무엇이든 거기에 다 있었습니다.

하나님께서는 아담에게 아내를 주시고, 이 아름다운 곳에서 가정을 이루어 살게 하셨습니다(창세기 1:27-28). 하나님께서는 아담이 땅의 것으로만 만족한 삶을 살게 하신 것이 아닙니다. 아담이 하나님과 매일 교제할 수 있게 하셨습니다. 이 새 가정은 은혜로우신 만유의 하나님과 함께 동행하며 "날이 서늘할 때" 하나님과 대화를 나누는 즐거움을 누릴 수 있었습니다(3:8).

이러한 삶이 얼마나 행복하고 만족스러웠을지 상상해 보셨습니까? 에덴은 실로 완벽한 계획의 산물이었습니다. 인간으로서 살아가는 데 필요한 모든 것이 다 공급되었습니다. 또한 하나님과 완벽한 조화와 교제 가운데 살 수 있는 죄 없는 세대들이 한없이 이어질 수도 있었습니다.

그러나 죄가 세상에 들어와 우리의 첫 번째 조상의 마음을 지배하게 되었을 때 이 모든 축복은 다 사라지고 말았습니다. 하나님의 계획은 완벽했으나 인간의 고의적인 불순종으로 말미암아 망쳐지고 만 것입니다. 그때 이래로 인간은 하나님의 선하신 계획을 줄곧 거부해 왔습니다.

이러한 거부의 또 하나의 예는 하나님의 계획에 대한 이스라엘의 반응에서 찾아볼 수 있습니다. 하나님께서는 땅도 없던 이 작은 민족을 택하셔서 사랑을 베푸시며, 온 세상에 복을 주시기 위한 도구로 삼으셨습니다. 하나님께서는 아브라함에게 이렇게 약속하셨습니다. "땅의 모든 족속이 너를 인하여 복을 얻을 것이니라"(창세기 12:3). 이 약속대로 하나님께서는 아브라함에게 크게 복을 주셨습니다. 하나님께서는 애굽에서 종 되었던 그들을 해방시켜 약속의 땅 문턱까지 인도하셨습니다. 그러나 그들은 거기에 들어가기를 거부하였습니다. 그 후 40년 동안 그들은 하나님께 끊임없이 불평하고 원망하며 하나님의 계획을 거슬렀습니다.

히브리서에서는 우리에 대한 경고로 이스라엘의 반역에 대해 이야기하고 있습니다.

그러므로 성령이 이르신 바와 같이, "오늘날 너희가 그의 음성을 듣거든 노하심을 격동하여 광야에서 시험하던 때와 같이 너희 마음을 강퍅케 하지 말라. 거기서 너희 열조가 나를 시험하여 증험하고 사십 년 동안에 나의 행사를 보았느니라. 그러므로 내가 이 세대를 노하여 가로되 '저희가 항상 마음이 미혹되어 내

길을 알지 못하는도다' 하였고, 내가 노하여 맹세한 바와 같이 '저희는 내 안식에 들어오지 못하리라' 하셨다" 하였으니. (히브리서 3:7-11)

시편 95편에서 인용한 이 말씀은 어떻게 이스라엘 백성이 그들을 위한 하나님의 계획을 거부하고 제 길로 갔는지를 보여 줍니다. 그러나 이 말씀은 또한 우리를 위한 경고이기도 합니다. 우리는 각기 제 길을 가느라고 하나님께서 주시는 축복을 놓치거나 거부해서는 안 됩니다.

하나님께 대한 계속적인 반역에도 불구하고 이스라엘 백성에게 지속적으로 복 주시는 것을 보면 하나님의 은혜는 참으로 놀랍고 놀랍습니다. 하나님을, 오직 판단하기를 좋아하고 벌하기를 즐기시는 분으로 생각하여 두려워하는 사람들에게는 이러한 사실이 큰 격려가 됩니다. 하나님이 은혜의 하나님이심을 아는 것이 매우 중요합니다. 하나님께서는 죄를 심판하시는 분이시기도 하지만, 계속적으로 우리에게 은혜의 선물을 주시는 분이십니다. 이 사실을 생각하면 기쁨이 충만해집니다. 이것이 은혜입니다! 하나님께서 주시는 복은 우리에게는 과분하기만 합니다. 우리는 사실 이러한 복을 받을 만한 존재가 전혀 못 됩니다. 그럼에도 하나님께서는 풍성한 복이 포함되어 있는 그 완벽한 계획에 우리가 참여하도록 우리를 은혜로 초대하십니다.

하나님께서는 끊임없이 이스라엘 백성에게 은혜를 베푸셨

습니다. 이 백성을 향해 탄식하시는 예수님의 말씀을 통해 주님의 마음을 읽을 수 있습니다. "예루살렘아, 예루살렘아, 선지자들을 죽이고 네게 파송된 자들을 돌로 치는 자여. 암탉이 그 새끼를 날개 아래 모음같이 내가 네 자녀를 모으려 한 일이 몇 번이냐? 그러나 너희가 원치 아니하였도다"(마태복음 23:37).

하나님께서는 오늘날도 하나님과 동행하는 삶으로 사람들을 초청하십니다. 하나님께서는 그 아들 예수 그리스도를 통해 구원을 주시겠다는 은혜로운 제안에 사람들이 응답하기를 원하십니다. 십자가를 통해서 자신에게로 나오는 사람들에게 자신과 교제하는 삶을 살게 하십니다. 이러한 삶은 이 땅에서도 만족을 줄 뿐만 아니라 영원하신 하나님의 존전에 나아간 후까지 계속 이어집니다.

그리스도 안에 있는 이 하나님의 계획에 대해서 에베소서에 잘 설명되어 있습니다. 에베소서 1장 앞부분에서 하나님께서는 그리스도 안에서 큰 복을 우리에게 주셨다고 말씀합니다. 사도 바울은 이 놀라운 진리를 이야기하면서 하나님을 찬양하지 않을 수 없었습니다. "찬송하리로다. 하나님 곧 우리 주 예수 그리스도의 아버지께서 그리스도 안에서 하늘에 속한 모든 신령한 복으로 우리에게 복 주시되"(에베소서 1:3). 이 계획이 얼마나 풍성한 삶을 위한 것인지를 잘 알 수 있습니다. 하나님과 동행하는 사람에게는 하늘의 창고에 저장되어 있는 온갖 신령한 복이 다 공급됩니다. 우리는 하나님과 더불어 이러한 놀라운 삶을 살도록 초대받았습니다.

이를 위해 예수님께서는 "그의 피"라는 큰 대가를 치르고 우리를 사셨으며, 우리로 죄 사함을 받고 하나님께 당당히 나아갈 수 있게 하셨습니다(1:7). 또 하나님께서는 우리에게 은혜의 선물을 "넘치게" 주셨습니다(1:8). 하나님께서는 넘치도록 풍성하게 주신 것입니다. 우리는 하나님께서 자녀들을 위해 어떤 계획을 세우셨는지를 알게 되었습니다. 그것은 결단코 내핍 생활을 위한 계획이 아니었습니다. 진실로 하나님께서는 우리에게 풍성한 은혜를 아낌없이 베풀어 주십니다(7절).

그러면 왜 그토록 많은 사람들이 마치 다른 곳에서 더 큰 만족을 얻을 수 있는 양 하나님의 계획을 거부할까요? 이는 스스로에게 속았거나 사탄에게 속았기 때문입니다. 안타깝게도 자신이 그리스도인이며 하나님을 알고 있노라고 자처하는 많은 사람들이 자기 자신의 길을 고집하기 때문에 영적으로 궁핍한 삶을 살고 있습니다.

또한 성경은 우리가 "저의 은혜를 힘입어 의롭다 하심을 얻어 영생의 소망을 따라 후사가 되었다"(디도서 3:7. 로마서 8:17 참조)라고 기록하고 있습니다. 후사, 즉 상속자가 되는 데 관심이 없는 사람이 있겠습니까? 더구나 부자의 상속자가 된다면 말입니다. 그런데 우리는 하나님의 아들이기 때문에 상속받는 것이 지극히 풍성합니다.

베드로전서 1:3-4에서는 '거듭난' 사람들이 받는 기업, 즉 상속 재산에 대해서 언급합니다. 우리가 "썩지 않고 더럽지 않고 쇠하지 아니하는 기업"을 잇게 되었다고 말씀합니다. 우리의 기업은 실로 놀라운 가치를 지니고 있습니다. 이어서 그것이 "너희를 위하여 하늘에 간직해 두신" 확실한 것이라고 덧붙입니다. 그것은 천국에 간직되어 있기 때문에 그 누구도 우리에게서 앗아 갈 수 없습니다. 우리는 확실한 상속자가 되는 것입니다!

이어서 우리가 약속된 것을 받아 누릴 수 있도록 하나님께서 그날까지 우리를 지켜 주신다는 확신을 줌으로써 우리를 격려해 줍니다. "너희가 말세에 나타내기로 예비하신 구원을 얻기 위하여 믿음으로 말미암아 하나님의 능력으로 보호하심을 입었나니"(1:5).

무엇이 더 필요하겠습니까? 이것은 완벽한 계획입니다. 하나님의 청사진이며 아무 흠이 없습니다. 우리는 자기만의 길을 택할 수도 있으나, 그 길에는 불만족과 불확실성의 바위들이 널려 있습니다. 그 길은 외로운 길이요, 똑같이 길을 잃은 다른 사람들의 공허한 약속만이 있을 뿐, 격려를 주는 것은 아무것도 없습니다.

세상은 하나님의 길보다 더 완전하거나 더 충족감을 주는 것을 결단코 제공할 수 없습니다. 하나님께서는 우리 손을 잡고 동행하시기로 약속하셨습니다. 이 세상을 살아가는 동안 우리가 걸어가야 할 길을 보여 주실 것이며, 하나님의 나라에 들어가면 영원한 상급을 안겨 주실 것입니다. 하나님께서는 약속을 지키시는 분이십니다. 그러므로 성경에서 말씀하신 그대로 반드시 행하실 것입니다.

사도 요한은 이 사실을 믿었습니다. 그는 외딴 섬에 유배되어 있으면서 성경의 맨 마지막 책인 요한계시록을 기록했습니다. 그럼에도 그는 구주 되신 주 예수 그리스도를 찬양하는 것으로 그 책을 기록하기 시작하고(요한계시록 1:5-6), 하나님께서 약속대로 하나님의 계획을 반드시 성취하실 것이라는 확신과 승리의 소망 가운데 책을 마무리합니다. 요한계시록 22:12에서 예수님께서는 "보라. 내가 속히 오리니 내가 줄 상이 내게 있어 각 사람에게 그의 일한 대로 갚아 주리라"라고 하시며, 20절에서는 "내가 진실로 속히 오리라" 하고 말씀하십니다. 이에 대해 요한은 "아멘. 주 예수여, 오시옵소서!"라고 응답합니다. 이는 일평생 주님의 십자가를 지고 믿음으로 하나님과 동행하며 하나님의 계획과 그 계획의 완전한 성취를 믿고 기다리는 사람의 한결같은 고백입니다.

3
이 세상에서 보여 주신 본

1985년 가을, 미국 콜로라도주의 덴버에서 있었던 일입니다. 번화가에서 멀지 않은 곳에 국도를 가로지르는 육교 공사가 진행되고 있었습니다. 그런데 어느 날, 커다란 콘크리트 가로대를 얹고 있는데 구조물이 내려앉아 인부 한 사람이 죽고 몇 사람이 다친 사고가 발생했습니다. 이 소식을 듣고 많은 사람들이 놀랐고, 어떤 사람들은 분노하기도 했습니다.

사고 원인을 규명하기 위해 몇 주간에 걸쳐 철저한 조사가 진행되었습니다. 문제는 설계도나 콘크리트 자체에 있지 않았습니다. 시공자들이 설계도대로 하지 않은 데 원인이 있었습니다.

이 같은 설계도는 많은 시간과 노력을 들여 연구하고 철저히 검토한 끝에 만들어집니다. 설계자는 구조물의 안전과 효

용성 및 미적 감각을 살릴 수 있도록 종합적으로 검토해서 설계도를 작성하기 때문에 시공자 측에서는 임의로 설계도를 변경할 수가 없습니다. 단지 설계도대로 해야 할 뿐입니다. 그런데 공사를 진행하면서 설계도대로 따르지 않았기 때문에 그런 어처구니없는 사고가 발생한 것이었습니다.

앞에서 하나님께서는 영원 전에 우주와 인간 창조에 관한 계획을 세우셨다는 사실을 살펴보았습니다. 하나님께서 자기 백성들을 위한 계획을 가지고 계시다는 사실도 알게 되었습니다. 구약 시대에는 이스라엘 백성이 이에 해당되었으며, 신약 시대에는 주님의 몸 된 교회가 하나님의 백성입니다. 진정한 그리스도인은 누구나 하나님의 영원한 계획의 일부를 차지하고 있습니다.

하나님의 청사진은 우리의 유익을 위해 주의 깊게 완성되었습니다. 하나님께서는 고난 중에 있는 이스라엘 백성에게 이렇게 말씀하셨습니다. "나 여호와가 말하노라. 너희를 향한 나의 생각은 내가 아나니 재앙이 아니라 곧 평안이요 너희 장래에 소망을 주려하는 생각이라"(예레미야 29:11). 이 말씀은 하나님께서 자기 백성들을 위한 청사진을 만드실 때 선한 목적을 가지고 계셨음을 보여 줍니다. 청사진은 구체적이고 상세한 틀과 계획을 나타냅니다. 앞서 살펴본 육교 공사에서처럼 편의를 위해 청사진을 변경해서는 안 되며, 다만 의심 없이 그대로 따라야 할 뿐입니다. 그렇게 하지 않으면 끔찍한 결과를 가져오게 됩니다.

하나님께서는 우리의 연약함을 아셨습니다. 우리가 성경에 나타나 있는 하나님의 계획에 대해 갈등을 느낄 것이라는 점을 알고 계셨습니다. 또한 그 계획을 실행하는 법을 우리가 잘 알지 못하리라는 것도 아셨습니다. 그래서 하나님께서는 자신의 계획을 어떻게 실행에 옮기는지에 대해 본을 보일 분을 보내 주셨습니다. 바로 아들을 보내 주신 것입니다. 우리는 하나님의 계획을 수행하는 일에서 예수님께서 보여 주신 탁월한 본을 따르며, 그 수준에 이르도록 힘써야 합니다.

예수 그리스도를 구주와 주님으로 모시고 있는 사람들은 하나님에 대한 잘못된 개념을 피할 수 있습니다. 하나님을 보여 주시면 좋겠다는 빌립의 말에 예수님께서는 "빌립아, 내가 이렇게 오래 너희와 함께 있으되 네가 나를 알지 못하느냐? 나를 본 자는 아버지를 보았거늘 어찌하여 아버지를 보이라 하느냐?"라고 말씀하셨습니다(요한복음 14:9).

거듭해서 성경은 예수님의 신성을 증거하고 있습니다. 이로 보건대, 예수님께서 이 땅에 오신 목적 가운데 하나가 '하나님 아버지를 우리에게 보여 주시는 것'이었음이 분명합니다. 사도 요한은 이 사실을 알고 있었습니다. 요한복음의 첫머리에 이 사실이 잘 나타나 있습니다. "말씀이 육신이 되어 우리 가운데 거하시매 우리가 그 영광을 보니 아버지의 독생자의 영광이요 은혜와 진리가 충만하더라"(요한복음 1:14). 히브리서에서도 예수님의 신성을 확실히 보여 줍니다. "이는 하나님의 영광의 광채시오 그 본체의 형상이시라. 그의 능력의 말씀으로 만물을 붙드시며 죄를 정결케 하는 일을 하시고 높은 곳에 계신 위엄의 우편에 앉으셨느니라"(히브리서 1:3).

이 땅에 오신 구세주는 하나님의 아들이셨습니다. 하나님 아버지께서는 세상을 너무나 사랑하셔서 "독생자"를 보내 주셨는데, 이는 "저를 믿는 자마다 멸망치 않고 영생을 얻게" 하기 위함이었습니다(요한복음 3:16). 예수님께서 십자가에서 운명하실 때 일어난 지진과 여러 가지 일을 보고 로마의 백부장은 "이는 진실로 하나님의 아들이었도다"라고 고백했습니다(마태복음 27:54). 예수님께서는 우리를 살리기 위해 죽으셨습니다. 예수님의 죽음과 부활을 통해서만 우리가 영생을 얻을 수 있기 때문입니다. 이 영생은 우리가 믿음으로 그리스도를 영접할 때 우리 것이 됩니다.

우리 죗값을 치르시기 위해 하나님의 아들은 육신을 입고 오셨습니다. 또한 그가 육신을 입으신 것은 하나님께서 원하시는 행동의 본을 보이시기 위함이었습니다. 예수님의 삶에서는 흠을 찾을 수가 없었습니다. 빌라도는 열심히 예수님을 심문해 보았지만, 결국 "내가 보니 이 사람에게 죄가 없도다"라고 실토하지 않을 수 없었습니다(누가복음 23:4).

예수님께서는 이 땅 위에 사셨습니다. 예수님께서는 죄 많은 사람들 속에서 사셨으나, 거룩한 삶에 대한 완벽한 본을 보이셨습니다. 주님께서는 하나님의 계획을 그대로 따르셨습니다. 주님 자신이 그 계획을 짜는 데 참여하셨으면서도 그 계획에 복종하셨습니다. 이는 자발적인 복종이었습니다. 주님께서는 이 땅에서의 전 생애를 통해 한결같이 그러한 삶을 사셨습니다.

예수님께서 열두 살 소년이었을 때의 일입니다. 예루살렘에서 돌아가던 길에 예수님이 동행 중에 없는 것을 안 부모가 염려하면서 예루살렘으로 거슬러 올라가 찾다가 성전에서 만났습니다. 그때 예수님은 태연한 모습을 보여 주었습니다. 어머니인 마리아가 "아이야, 어찌하여 우리에게 이렇게 하였느냐?"(누가복음 2:48) 하며 걱정했을 때, 예수님께서는 보통 아이들과는 다른 반응을 보였습니다. 예수님은 그 부모를 어리둥절하게 하는 말로 대답하심으로써 자신의 소명과 헌신을 그들에게 알게 하신 것입니다. "어찌하여 나를 찾으셨나이까? 내가 내 아버지 집에 있어야 될 줄을 알지 못하셨나이까?"(누가복음 2:49). 여기서 "내 아버지 집에 있어야"는 "내 아버지의 일에 관계하여야"로 옮길 수도 있습니다(개역성경 난하주 참조). 예수님께서는 부모와 함께 집으로 돌아가 그들에게 순종하며 받드셨는데(누가복음 2:51), 이는 하나님의 계획에 대한 순종의 일환이었습니다.

요한복음은 예수님께서 이 세상이 생기기 전부터 알고 계셨던 계획에 순종하신 것을 잘 보여 주고 있습니다. 얼핏 생각하면, 성자 하나님이 성부 하나님께 순종한다는 것이 이해가 잘 안 갈 수도 있습니다. 어쨌든 예수님은 하나님이 아니십니까? 왜 다른 누구에게 순종하셔야 합니까? 그런데도 예수님께서 성부 하나님께 순종하신 내용을 복음서의 여러 곳에서 찾아볼 수 있습니다. 예수님께서는 성부 하나님의 영원한 계획에 기꺼이 복종하셨습니다. 성자 하나님께서는 그 계획을 작성하는 데 참여하셨음에도 불구하고 그 계획을 실행하는 일에서 자발적으로 자신을 드리셨습니다.

요한복음 4장에서 예수님께서 사마리아 여인을 만난 내용을 살펴보면, 예수님께서 하나님의 계획에 우선순위를 두고 계셨음을 잘 알 수 있습니다. 제자들이 먹을 것을 사러 동네에 들어간 후 예수님께서는 물을 길러 나온 그 여인과 대화를 나누시게 되었습니다(7-8절). 제자들이 먹을 것을 사 가지고 돌아왔을 때 예수님께서 식사에 별로 관심을 보이지 않으시자 그들은 어리둥절해졌습니다(31-33절). 이때 예수님께서는 더 높은 우선순위를 지니는 어떤 것에 대해 말씀하셨습니다. "내게는 너희가 알지 못하는 먹을 양식이 있느니라"(32절).

몸을 위한 양식보다 예수님께 더 큰 만족을 드린 이 양식은 도대체 무엇일까? 제자들은 알 수가 없었습니다. 예수님의 그러한 반응은 자신들의 인간적인 반응과는 판이했습니다. 식사 시간에 식사하는 일보다 더 중요한 게 무엇이란 말인가? 예수님의 대답은 의미심장했습니다. "나의 양식은 나를 보내신 이의 뜻을 행하며 그의 일을 온전히 이루는 이것이니라"(34절). 이는 예수님께서 하나님의 뜻에 복종하는 삶을 살고 계심을 분명하게 보여 주는 말씀입니다. 이처럼 예수님께서 이 땅에 머무시는 동안 하나님의 계획은 예수님의 삶에서 최고의 우선순위를 차지하고 있었습니다. 이러한 삶이 예수님께 가장 큰 만족을 주었습니다. 예수님께서는 "잃어버린 자를 찾아 구원"하기 위해 이 땅에 오셨습니다(누가복음 19:10). 그래서 그 위대한 사명을 수행하는 일에 자신을 드리셨습니다. 구속 계획을 수행함으로써 얻는 큰 만족을 생각하면 식사 한 끼 거르는 것 정도는 아무 문제도 되지 않았습니다.

그리스도를 본받으려면 이러한 순종의 삶을 살아야 합니다. 영원한 계획을 수행하는 것이 예수님의 지상 생애의 핵심이었습니다. 주님께서는 하나님의 뜻에 순종하는 데 대해 자주 말씀하셨습니다. 그 면에 예외가 없었습니다. "내가 항상 그의 기뻐하시는 일을 행하므로"(요한복음 8:29). 하나님의 계획을 따르는 일에서 예수님께서는 흠이 없으셨습니다. 또한 실패도 실망도 후회도 없었습니다.

이 땅에 계실 때 예수님께서 보여 주신 헌신의 삶은 사실 영원 전에 시작된 것이었습니다. 이 세상이 생기기 전, 삼위일체 하나님께서는 이 영원한 계획을 수행하는 데 자신을 드리셨습니다. 이 땅에서의 생애를 통해 줄곧 겪으신 핍박 중에서도, 겟세마네 동산의 "마음이 심히 고민하여 죽게 된"(마태복음 26:38) 중에서도, 십자가상의 고통 중에서도 예수님께서는 하나님께서 영원 전에 세우신 계획에 스스로 복종하셨습니다.

순종하는 것이 얼마나 어려운 일이었는지는 "내 아버지여, 만일 할 만하시거든 이 잔을 내게서 지나가게 하옵소서"(마태복음 26:39상)라는 기도 내용을 통해서도 엿볼 수 있습니다. 심한 고민과 슬픔이 따랐으나 예수님께서는 순종하셨습니다. 마지막으로 덧붙이신 말씀은 금빛처럼 찬란하게 빛납니다. "그러나 나의 원대로 마옵시고 아버지의 원대로 하옵소서"(39절하). 자신의 뜻을 하나님의 영원하신 뜻에 굴복하는 본으로서 이보다 더 좋은 것은 없습니다. 이는 완벽한 모델입니다. 예수님께서는 비록 육신을 입고 계셨지만 하나님이신데도 이렇게 순종하셨습니다.

물론 예수님의 순종의 절정은 십자가를 지신 것이었습니다. 예수님께서는 대가를 미리 계산하셨습니다. 예수님께서는 스스로 그런 결정을 내리셨으며 결코 돌이키시지 않았습니다.

예수님께서 구속 계획을 실행하는 데 이처럼 자신을 드리시지 않았더라면 우리의 죄 사함과 구원은 있을 수 없었을 것이요, 우리는 여전히 죄의 노예로서 그 끔찍한 결과를 감수할 수밖에 없었을 것입니다.

구주 예수님의 이러한 반응을 살펴볼 때 우리는 이것이 굴복에 대한 훌륭한 성경적인 모델임을 알게 됩니다. 예수님께서는 분명 완벽한 본이 되셨습니다. 이러한 태도는 주님께도 쉬운 일이 아니었습니다. 주님께서도 우리와 마찬가지로 인간적인 갈등에 직면하셨습니다. 히브리서 4:15에서는 이렇게 기록합니다. "우리에게 있는 대제사장은 우리 연약함을 체휼하지 아니하는 자가 아니요 모든 일에 우리와 한결같이 시험을 받은 자로되 죄는 없으시니라." 예수님께서는 참으로 사람이셨기 때문에 유혹과 압력과 그에 따르는 갈등을 모두 알고 계셨습니다. 그러나 또한 하나님이셨기 때문에 죄를 범하지 않으셨습니다. 예수님께서는 순종하는 데에 완벽하게 훈련되어 있으셨습니다. "아버지여, 만일 아버지의 뜻이어든 이 잔을 내게서 옮기시옵소서. 그러나 내 원대로 마옵시고 아버지의 원대로 되기를 원하나이다"(누가복음 22:42). 이는 사람들 사이에 거하실 때 하나님의 아들의 온전한 마음으로부터 나온 완벽한 반응이었습니다.

인간들의 전형적인 반응은 이와 정반대입니다. 우리는 "아버지의 원대로 마옵시고 내 원대로 되기를 원하나이다"라고 반응합니다. 자기의 뜻을 고집하고 하나님의 뜻을 거부합니다. 사실 우리 힘으로 하나님께 순종하는 삶을 살고자 애를 쓸 때조차 실패를 맛봅니다. 바울은 로마서 7:18-19에서 다음과 같이 고백합니다.

> 내 속 곧 내 육신에 선한 것이 거하지 아니하는 줄을 아노니 원함은 내게 있으나 선을 행하는 것은 없노라. 내가 원하는 바 선은 하지 아니하고 도리어 원치 아니하는 바 악은 행하는도다.

너무 힘 빠지게 하는 이야기입니까? 우리는 우리 힘으로는 예수님의 본을 따르는 게 불가능하다는 결론을 내릴 수밖에 없습니다. 우리는 자기 뜻을 다른 사람의 통제하에 두기가 쉽지 않습니다. 심지어 상대가 하나님이신 경우에도 마찬가지입니다. 그래서 죄를 범합니다. 우리는 자신의 권리를 주장하며, 우리를 통제하려는 어떠한 시도에 대해서도 맞서 싸웁니다.

그러나 우리가 십자가로 나아가 우리를 위한 예수님의 희생을 받아들이고 예수님을 영접하면 놀라운 변화의 역사가 일어납니다. 그것이 바로 "거듭남"입니다(요한복음 3:3-18). 이때 예수님 안에 있는 생명이 우리 것이 됩니다. 우리는 그리스도 안에서 새로운 피조물이 됩니다(고린도후서 5:17). 이제 우리는 그리스도인의 삶을 사는 데 필요한 모든 것을 소유하고 있습니다.

> 하나님과 우리 주 예수를 앎으로 은혜와 평강이 너희에게 더욱 많을지어다. 그의 신기한 능력으로 생명과 경건에 속한 모든 것을 우리에게 주셨으니 이는 자기의 영광과 덕으로써 우리를 부르신 자를 앎으로 말미암음이라. (베드로후서 1:2-3)

실제로 우리 안에 예수님의 생명이 있습니다. 그래서 예수님께서 이 땅에 계실 때 우리에게 보여 주신 본을 따를 수 있게 되었습니다. 이는 세례를 받거나 교회에 출석함으로 말미암은 것이 아니라, 우리 속에 내주하시는 예수님의 생명으로 말미암은 것입니다. 이제 우리는 겟세마네 동산의 예수님과 같이 "내 원대로 마옵시고 아버지의 원대로 되기를 원하나이다"라고 순종하는 반응을 나타낼 수 있습니다. 마땅히 그래야만 합니다. 우리 속에 살고 계시는 예수님께서는 언제나 하나님의 뜻에 일치하게 행하십니다.

하나님께서는 우리를 예수님처럼 자발적으로 하나님께 순종할 수 있는 수준으로 이끌고자 하십니다. 이것이 우리를 향한 하나님의 돌보심의 중요한 부분입니다. 하나님께서는 마치 자신이 원하는 대로 나무를 가꾸기 위해 일하는 노련한 정원사와 같습니다. 때에 맞게 물을 주고, 적당한 비료를 주며, 때로는 가지치기를 하기도 합니다. 만약 나무들이 말을 할 수 있다면, 정원사가 하는 일 가운데 어떤 일에 대해서는 감사나 즐거움을 표하겠지만 어떤 일에 대해서는 불평하기도 할 것입니다.

이 나무들이 정원사의 의도를 이해할 수 있다면, 자신들이 정원사의 자애로운 돌보심 아래 있다는 것을 알게 될 것입니다. 이와 마찬가지로, 우리도 거룩하신 정원사이신 하나님의 사랑의 돌보심 가운데 있습니다. 이는 참으로 신나고도 즐거워할 만한 사실입니다. 아직은 하나님의 돌보심이 어떻게 이루어지는지 이해하기가 어려울지도 모릅니다. 그러나 이 책을 계속 읽어 나가면서 차츰차츰 분명히 이해하게 되리라 믿습니다.

제 2 부

하나님 아버지의 돌보심

4
준비를 위한 연단

"**하**나님은 왜 이다지도 가혹하신가?" 많은 사람들이 이런 질문을 해 왔습니다. 특히 하나님께서 자신과 언약을 맺은 이스라엘 백성을 심판하시는 내용을 읽을 때면 더욱 그런 의문이 생길 수 있습니다. 과연 하나님께서는 공평하십니까? 그렇다면 왜 그러한 가혹한 방법을 동원하십니까? 어떤 때는 수천수만 명이 죽임을 당하기도 했습니다. 이에 대한 어떤 정당한 이유가 있습니까? 어떤 사람들은 구약성경에 나오는 하나님은 그리스도 안에서 나타나신 은혜롭고 사랑 많으신 하나님과는 틀림없이 다른 분이라고 생각하기도 합니다.

제임스 패커는 유명한 저서 하나님을 앎에서 이 주제를 다루었습니다. 그는 "그러므로 하나님의 인자와 엄위를 보라" 하신 로마서 11:22 말씀을 언급했습니다. 하나님께서는 인자하신 동시에 엄위하신 분임을 잊지 말아야 합니다. 이 말씀은 서로 모순되는 것처럼 보입니다. 어떻게 인자와 엄위를 동시에 가질 수 있단 말입니까? 우리는 하나님을 인자하신 분의 대명사로 생각하기를 좋아합니다. 그리스도 안에서 구원받은 사실을 생각해 볼 때면, 우리 마음은 하나님의 인자하심과 자비하심, 선하심, 은혜로우심에 대한 생각으로 가득 차게 됩니다. 그런데 "엄위"가 참으로 하나님의 속성, 특히 자기 백성을 향한 하나님의 사랑과 양립할 수 있을까요?

많은 이들이 하나님의 인자하심만을 강조하려는 경향이 있습니다. 이는 자칫 하나님을 '산타클로스'와 같은 분으로 만들어 버릴 위험이 있습니다. 이런 하나님 개념을 가진 사람들은 하나님께서는 언제나 선물로 가득 찬 자루에서 선물을 꺼내 인자하게 우리에게 나눠 주시기만 하는 분이라고 생각합니다. 하나님께서는 우리의 불순종과 반역을 눈감아 주신다고 주장합니다. 이러한 생각은 성경적인 게 아님을 쉽게 알 수 있습니다. 물론 우리는 하나님의 인자하심과 선하심을 부인해서는 안 됩니다. 예를 들어 시편 145:9 말씀은 "여호와께서는 만유를 선대하시며 그 지으신 모든 것에 긍휼을 베푸시는도다"라고 선언하고 있기 때문입니다.

그러나 로마서 11:22에서는 왜 "인자"와 "엄위"를 한꺼번에 언급하고 있을까요? 패커는 다음과 같이 설명합니다. "이 구절에서 말씀하고 있는 원리는, 하나님의 선하심이 나타날 때는 언제나 그 선하심이 경멸을 당할 때의 준엄한 심판이 그 뒤에 자리하고 있다는 사실입니다."

이스라엘 백성에게 이런 일이 일어났습니다. 그것도 한 번이 아니라 거듭해서 있었습니다. 하나님께서는 방황하며 거역하는 그의 백성을 돌이키시기 위해 인내하시며 온갖 노력을 하셨습니다. 히브리서 3:7-10에서는 시편 95편을 인용하여 다음과 같이 기록하고 있습니다.

> 그러므로 성령이 이르신 바와 같이, "오늘날 너희가 그의 음성을 듣거든 노하심을 격동하여 광야에서 시험하던 때와 같이 너희 마음을 강퍅케 하지 말라. 거기서 너희 열조가 나를 시험하여 증험하고 사십 년 동안에 나의 행사를 보았느니라. 그러므로 내가 이 세대를 노하여…."

무슨 뜻입니까? 오로지 하나님께서는 복을 베풀고자 하셨으나 그 복이 거부당했던 것입니다. 그래서 그들을 연단하지 않을 수 없었습니다. 패커는 그러한 연단을 감사해야 한다고 말합니다. 그 연단의 목적은 하나님과의 즐거운 교제의 회복에 있습니다. 그것은 또한 더 큰 비극으로부터 우리를 지켜줍니다. 그는 이렇게 말합니다. "하나님의 선하심으로 말미암아 잠시 하나님의 엄위하심이 우리에게 나타납니다. 이 인자한 연단은 우리로 하여금 하나님의 엄위하심에 정면으로 맞닥뜨리지 않도록 하기 위함입니다.… 그것은 사랑의 연단이므로 마땅히 받아들여야 합니다."

작가이자 연사이기도 한 앤 키멜은 "내 삶의 모토는 '예, 주님'입니다"라고 종종 말했습니다. 하나님의 백성들이 항상 이러한 태도를 유지한다면 하나님의 엄위하심을 훨씬 덜 경험하게 될 것입니다.

하나님과 동행할 때 우리는 인자하신 하나님께서 우리를 제멋대로 살도록 내버려 두지 않으신다는 사실을 알게 됩니다. 하나님께서는 끊임없이 우리 마음속에서 그리고 우리 삶 가운데서 역사하셔서 우리를 창조하실 때 마음에 품고 계시던 계획을 우리로 이루게 하십니다. 이것을 섭리라고 부릅니다. 이 섭리에 대해서는 오해하는 경우가 종종 있습니다. 많은 사람들이 '하나님의 선하심의 실례'만을 섭리로 생각하는 경향이 있습니다. 즉 산타클로스와 같은 하나님 개념이 우리 생각을 지배하고 있는 것입니다. 우리는 끊임없이 삶에서 자신이 원하는 것만을 얻기 원합니다. 그리하여 자신이 원하는 것을 얻으면 그것이 하나님의 '섭리'였다고 말합니다.

그러나 이는 한쪽으로 치우친 것입니다. 섭리의 진정한 의미는 하나님께서 우리를 향한 하나님의 목적을 성취하기 위해 역사하시는 것을 말합니다. 예를 들어, 하나님께서는 우리 각 사람이 예수님처럼 "그러나 내 원대로 마옵시고 아버지의 원대로 되기를 원하나이다"라고 말할 수 있는 수준에 이르기를 원하십니다. 우리가 "그 아들의 형상을 본받는" 것이 로마서 8:28-29에서 말씀하고 있는 "선"인 것입니다.

누군가 말했듯이, 하나님께서는 '주사위 놀이'를 하시지 않습니다. 다시 말하자면, 하나님께서는 결코 결과가 불확실한 행동을 하시지 않습니다. 하나님께서는 망설이는 일도 없으십니다. 하나님의 계획은 완벽합니다. 그리고 우리 각 사람은 그 계획의 주요한 부분을 차지하고 있습니다. 언제나 하나님께서는 이 세상이 생기기 전에 짜신 계획에 따라 하나님의 백성들을 이끄십니다. 하나님께서는 결코 우연한 사건의 불확실한 결과에 의지하시지 않습니다.

물론 우리는 하나님의 계획이 어떻게 성취되고 있는지 항상 이해할 수 있는 것은 아닙니다. 우리에 대한 하나님의 역사가 때로는 어미 양이 꼴이나 물이 있는 방향으로 그 새끼를 코로 밀듯이 부드럽게 슬쩍 미는 것처럼 보일지도 모릅니다. 또 어떤 때는 우리를 징계하시는 하나님의 분명한 손길을 경험할 수도 있습니다. 또한 우리는 하나님의 후한 손으로부터 복과 상을 받을 때도 있습니다. 하나님께서는 언제 어디서나 다스리고 계시며 자신이 하시는 일을 알고 계십니다. 그리고 언제나 사랑 가운데 행하십니다. 반면에 우리는 하나님께서 행하시는 일에 대해 아주 마음에 안 들어할 수도 있습니다. 우리의 관점에서 보면 우리가 부당한 대우를 받는 것 같으며, 괴로움을 당하고 있는 것처럼 보일 수도 있습니다.

어느 의사가 자기 소형차를 몰고 왕진을 떠났습니다. 그런데 어떻게 하다가 차의 앞부분이 앞서가던 거대한 트레일러의 뒷부분에 걸리게 되었습니다. 트레일러 운전사는 무슨 일이 일어나고 있는지도 모르는 채 그냥 달렸고 의사는 거의 50km나 끌려가서야 곤경으로부터 벗어날 수 있었습니다. 그는 끌려가면서 소리를 치기도 했고 경적을 울려 대기도 했지만 아무 소용이 없었습니다. 강풍이 불고 있어서 소리가 잘 들리지 않았기 때문입니다. 종종 우리 삶에서 하나님께서 하시는 일이 이해가 안 될 때는 우리도 그 의사와 같은 심정입니다. 황당함과 좌절감과 어쩔 도리가 없다는 무력감 등 별별 생각이 다 듭니다.

왜 하나님께서는 우리를 연단하실까요? 하나님께서는 무엇을 하고 계시는 것일까요? 왜 하나님께서는 아무 설명은 해 주시지 않고 단지 우리를 역경 가운데 붙들어 두기만 하시는 걸까요? 사실 하나님께서 설명을 해 주신다 해도 우리는 이해를 못 할 것입니다. 또한 십중팔구 하나님의 방법들을 거부할 것입니다.

하나님께서 자기 백성을 연단하시는 이유를 세 가지만 들자면 (1) 준비, (2) 성숙, (3) 교정을 들 수 있습니다. 이 세 가지가 전부는 아니지만 대부분은 이에 속한다고 볼 수 있습니다.

그러나 이 연단의 이유를 살펴보기에 앞서 명심해야 할 중요한 사실이 있습니다. 곧, 우리가 하나님의 연단을 받고 있을 때 하나님께서 우리를 더 이상 사랑하지 않으신다고 결론지어서는 안 된다는 사실입니다. 히브리서 기자는 성령의 감동하심을 따라 잠언 3:11-12 말씀을 인용하여 이렇게 권면합니다.

또 아들들에게 권하는 것같이 너희에게 권면하신 말씀을 잊었도다. 일렀으되 "내 아들아, 주의 징계하심을 경히 여기지 말며 그에게 꾸지람을 받을 때에 낙심하지 말라. 주께서 그 사랑하시는 자를 징계하시고 그의 받으시는 아들마다 채찍질하심이니라" 하였으니. (히브리서 12:5-6)

하나님의 연단과 관련하여 명확히 알아 두어야 할 두 번째 사실은, 하나님께서는 우리를 위해 어떤 것이라도 선택하실 수 있는 절대주권을 가지고 계시다는 것입니다. 항상 우리는 하나님께서 우리를 사랑하고 계심을 확신해야 합니다. 그건 사실이기 때문입니다. 사실 하나님의 연단이나 징계는 그 사랑의 실제적인 증거입니다. 하나님께서는 자녀들을 위해 가장 좋은 것을 행하십니다. 그러므로 우리가 하나님께서 우리 삶 가운데서 행하시는 것에 대해 반항하려고 든다면, 이는 하나님께서는 우리를 위해 그러한 선택을 하실 수 있는 권리가 없다고 말하는 셈이 됩니다. 자신이 하나님 노릇을 하려고 하는 심각한 위험에 처하게 됩니다. 하나님께서 우리 삶에 하나님이 되시게 해 드리며, 최선의 것을 행하시도록 하나님을 믿고 의뢰해야 합니다. 존경받는 목회자이자 성경 교사인 척 스윈돌은 "하나님께서는 인자하시기 때문에 잔인한 일을 하지 못하시며, 지혜가 무궁하셔서 실수가 없으시며, 생각이 깊으셔서 도저히 헤아릴 수가 없습니다"라고 했습니다.

앞에서 말했듯이 하나님께로부터 오는 연단 중 첫 번째 연단은 우리를 준비시키기 위한 것입니다. 연단을 통해 하나님께서는 어떤 특별한 사건이나 축복을 위해 우리를 준비시키십니다. 이 사건이나 축복이 무엇이든지 간에 우리는 그 연단을 받아들이고 이해하며, 이를 통해 하나님을 영화롭게 할 준비가 되어 있어야 합니다.

하나님께로부터 오는 두 번째 종류의 연단은 우리의 성숙을 위한 것입니다. 하나님께서는 우리를 하나님이 원하시는 사람으로 만들고자 하십니다. 이것은 우리를 위한 하나님의 영원한 계획이 수행되는 과정입니다. 하나님께서 우리 삶 가운데 행하고 계시는 것이 무엇인지 정확히는 알지 못하므로 우리는 단순히 하나님을 신뢰하고 연단을 받아들여야 합니다.

세 번째 종류인 교정을 위한 연단은 우리가 하나님의 길을 벗어났을 때 본래의 바른길로 돌이키시기 위한 것입니다. 그런 연단을 받을 때에 우리는 대개 자신이 죄를 범했다는 것을 깨닫게 되며 하나님께서 주시는 연단의 목적을 이해하게 됩니다.

하나님께 굴복하고 내맡기는 삶에 대해 계속 공부해 감에 따라 이 세 종류의 연단에 대한 성경의 예가 많이 있음을 알게 됩니다. 어떤 종류의 연단에서나 우리 쪽에서의 굴복이 필요합니다. 그러기 위해서는 성경에 나오는 몇몇 실제 예를 상기하는 게 도움이 됩니다. 어떤 진리를 이해하는 데 있어서, 그 진리가 다른 사람들의 삶에서 구체화된 것을 살펴보는 것만큼 효과적인 방법은 없습니다.

준비를 위한 연단의 예

이러한 종류의 연단에 대하여 성경에 나오는 두 가지 예를 살펴보도록 하겠습니다. 대개 하나님께서는 어떤 특별한 사건이나 축복을 위해 자녀들을 준비시키신다는 사실을 잊지 않도록 하십시오. 이해를 돕기 위해 신구약성경에서 각각 하나씩 예를 살펴보겠습니다. 각각의 예는 하나님께서 백성들에게 가르치시고자 하는 서로 다른 교훈을 담고 있으며, 서로 다른 목적을 가지고 있습니다. 우리는 은혜로우신 하나님께서 어떻게 각 사람을 개별적으로 다루시는지를 알게 될 것입니다. 하나님께서는 우리 각자를 위해 독특한 계획을 가지고 계십니다.

한 인물은 요셉입니다. 요셉의 삶을 통해 단계적인 준비 과정에 대한 생생한 예와 더불어 요셉이 자신을 위한 하나님의 계획에 따름으로써 하나님의 계획이 성취되어 가는 것을 보게 됩니다. 이 이야기는 시작이 좀 색다릅니다. 하나님께서는 요셉에게 그를 위한 계획을 미리 깨닫게 하셨기 때문입니다. 요셉이 십대 중반쯤 되었을 때 꿈을 통해 이를 보여 주셨습니다. 하나님께서는 요셉이 권세 있는 지도자의 위치에 오르게 되어 그 형제들과 부모가 그에게 절을 하게 될 것이라는 사실을 요셉에게 가르쳐 주셨습니다(창세기 37:5-11). 당시 요셉은 이 꿈의 완전한 의미를 분명하게 이해한 것 같지는 않습니다. 하지만 하나님께서 자신을 어떤 특별한 목적을 위해 부르셨다는 확신을 가슴에 간직하게 되었을 것입니다.

오늘날에도 자신의 장래에 대해 하나님께서 예정하신 바를 미리 어느 정도 깨닫는 사람들이 더러 있습니다. 십대에 해외 선교사로서의 부르심을 깨달은 사람들도 있습니다. 비록 상당한 세월이 흘러 성인이 된 후에야 그것이 실현되지만 그들은 성장해 가는 동안 계속 하나님의 부르심을 의식합니다. 그러나 하나님께서 언제나 우리 미래에 대해 미리 깨닫게 하시는 것은 아닙니다. 우리는 하나님께서 하나님을 위해 특별한 방법으로 우리 각자를 사용하시려는 계획을 가지고 계시다는 것을 압니다. 그러므로 우리는 하나님께서 그때를 위해 우리를 준비하시리라는 것을 확신할 수 있습니다.

요셉의 경우에 있어서, 나중에 하나님께서 요셉에게 주신 기회는 하나님의 백성의 역사에 중대한 영향을 미칩니다. 그래서 요셉은 아주 고된 준비 과정을 거쳤습니다. 처음부터 요셉은 형들의 방해에 부닥쳤습니다. 형들은 요셉의 꿈 이야기에 매우 분노했고, 가혹한 방법을 동원했습니다. 이 어린 동생에게 너무도 잔인하기까지 했습니다. 형들은 요셉을 노예로 팔고 나서 틀림없이 영광스러운 미래에 대한 동생의 꿈을 좌절시켰다고 확신했을 것입니다. 창세기 37장은 그런 내용을 담고 있습니다.

형들이 자기의 채색 옷을 벗기고 깊은 구덩이에 던져 넣을 때, 그리고 자기를 노예 상인에게 팔 때, 요셉이 어떻게 느꼈을지 생각해 보십시오. 틀림없이 다시는 고향과 가족들을 보지 못하리라고 생각했을 것입니다. 그리고 그를 끔찍이 사랑했던 아버지는 어떠했겠습니까? 피 묻은 옷을 보았을 때, 사랑하는 아들이 맹수에 물려 죽은 것이라는 생각이 들었을 때, 가슴이 찢어지는 듯했을 것입니다.

도대체 요셉의 꿈은 어떻게 되었습니까? 하나님께서 요셉을 잊어버리신 겁니까? 아닙니다. 하나님께서는 여전히 역사하고 계셨고, 마음에 품고 계신 특별한 일을 위해 주님의 종을 준비하고 계셨습니다. 하나님의 어린 종은 애굽의 권세 있는 시위대장 보디발에게 노예로 팔렸습니다. 그런데 보디발이 보기에 이 히브리 소년은 예사롭지 않았습니다. 분명 하나님의 손이 그 위에 있었습니다. 창세기 39:2은 "여호와께서 요셉과 함께하시므로 그가 형통한 자가 되어 그 주인 애굽 사람의 집에 있으니"라고 기록하고 있습니다. 사실 요셉의 애굽인 주인은 곧 하나님께서 그를 보호하고 계심을 알게 되었습니다. 3-4절에 이렇게 말씀하고 있습니다. "그 주인이 여호와께서 그와 함께하심을 보며 또 여호와께서 그의 범사에 형통케 하심을 보았더라. 요셉이 그 주인에게 은혜를 입어 섬기매 그가 요셉으로 가정 총무를 삼고 자기 소유를 다 그 손에 위임하니."

하나님께서는 점차적으로 요셉의 인격과 성품을 계발하고 계셨습니다. 요셉은 유약한 소년에서 강인하고도 단호한 청년으로 바뀌었습니다. 높은 도덕적 수준을 유지하며 하나님께 헌신되어 있었습니다. 다른 사람들 같으면 타협하거나 항복하고 말았을 커다란 압력 앞에서도 흔들리지 않았습니다. 다른 사람들이라면 불평을 늘어놓았을 때에도 하나님을 영화롭게 하려는 열망을 나타냈습니다.

우리 생각으로는, 이만하면 요셉은 하나님께서 마음에 품고 계시는 그 어떤 일도 능히 감당할 수 있을 정도로 준비가 된 것 같습니다. 그런데 하나님께서는 다른 계획을 가지고 계셨습니다. 장차 요셉에게 맡겨질 일은 더 많은 용기와 인내심과 지혜와 믿음이 필요한 것이었습니다. 물론 하나님께서는 이를 알고 계셨으며, 그래서 연단은 계속되었습니다.

보디발의 아내가 부도덕한 관계를 맺자고 끈질기게 유혹했을 때 요셉은 매우 어려운 상황에 놓이게 되었습니다. 만약 이에 굴복했더라면 모든 게 끝장나고 말았을 것입니다. 많은 사람들이 그러한 유혹에 넘어감으로써 경력에 오점을 남기고, 자신과 가족뿐 아니라 하나님을 욕되게 합니다.

그러나 요셉은 영적으로 강건했기 때문에 그런 함정에 빠지지 않을 수 있었습니다. 주인의 아내가 계속 유혹했으나 흔들리지 않았습니다. 그 여인에게 이렇게 말했습니다. "이 집에는 나보다 큰 이가 없으며, 주인이 아무것도 내게 금하지 아니하였어도 금한 것은 당신뿐이니 당신은 자기 아내임이라. 그런즉 내가 어찌 이 큰 악을 행하여 하나님께 득죄하리이까?"(창세기 39:9). 이는 요셉의 영적 수준을 잘 나타내 줍니다.

이런 정도의 헌신이라면 능히 약속된 미래로 들어가는 문을 여는 열쇠가 되리라고 기대하는 사람도 있을 것입니다. 그러나 요셉은 오히려 그 여인의 모함으로 투옥되고 말았습니다.

이때 요셉에게서 "이건 너무 억울해!"라는 외침이 들려올 것으로 생각할 수도 있습니다. 사실 이때까지 요셉의 삶은 부당한 대우를 받는 것으로 점철된 것처럼 보입니다. 그러나 요셉의 입에서는 한마디의 불평도 흘러나오지 않았습니다.

요셉의 준비 과정 중, 어려운 이 단계에서도 하나님께서는 그와 함께 계셨습니다. 성경은 다음과 같이 말하고 있습니다. "여호와께서 요셉과 함께하시고 그에게 인자를 더하사 전옥에게 은혜를 받게 하시매, 전옥이 옥중 죄수를 다 요셉의 손에 맡기므로 그 제반 사무를 요셉이 처리하고 전옥은 그의 손에 맡긴 것을 무엇이든지 돌아보지 아니하였으니 이는 여호와께서 요셉과 함께하심이라. 여호와께서 그의 범사에 형통케 하셨더라"(창세기 39:21-23).

준비 기간은 길고 힘들고 갈등되고 불평이 튀어나오는 기간이 될 수도 있습니다. 그러나 또 한편 그 기간은, 하나님께서 우리 삶 가운데서 행하고 계시는 일에 우리가 굴복한다면, 즐겁게 하나님을 섬기며 하나님과 교제하는 기간이 될 수도 있습니다. 요셉에게는 바로 이러한 기간이었습니다.

때와 시기에 관해서는 모든 것을 하나님의 손에 맡겨야 합니다. 하나님, 오직 하나님만이 우리가 충분히 준비되었을 때를, 하나님의 계획을 잘 수행할 준비가 되었을 때를 아십니다. 요셉이 충분히 준비되었다고 마침내 결론을 내리셨을 때, 하나님께서는 하나님의 종을 애굽왕인 바로의 다음가는 제2인자의 위치로 높이셨습니다. 수수께끼는 풀리기 시작했습니다. 그 당시 가장 강대한 나라였던 애굽의 총리가 된 요셉은 자기가 애굽에서 권세를 가진 하나님의 사람이 되도록 준비되어 왔다는 사실을 깨달았습니다.

이야기는 거기서 끝나지 않았습니다. 곧 이어 닥친 기근으로 요셉의 형제들과 아버지는 애굽으로 와 요셉의 통치 아래 살게 되었습니다. 오래전에 꾼 그의 꿈 그대로였습니다.

요셉이 과연 그 형제들과 함께 살 날을 고대했겠습니까? 그는 결국 그들과 함께 살게 되었습니다. 우리는 다시 한번 하나님께서 얼마나 완벽하게 자신의 종을 준비시켰는지를 보게 됩니다. 지난날의 쓰라린 모든 경험에 대한 요셉의 해석을 들어보면, 그는 어떤 사람도 보지 못했을 것을 보았으며, 어떤 사람도 생각하지 못했을 것을 생각했다는 사실을 알 수 있습니다. 그의 전 가족이 애굽에 안연히 거하게 되었을 때 야곱이 죽었습니다. 그러자 요셉의 형들은 요셉이 혹시 자기들이 과거에 행한 악을 되갚지나 않을까 두려워했습니다. 그러나 요셉은 자기의 지난 모든 일에는 자기가 권세 있는 자리에 오르는 것 외에 또 다른 목적이 있었다는 사실을 알고 있었습니다. 그는 형제들에게 다음과 같이 말했습니다.

두려워 마소서. 내가 하나님을 대신하리이까? 당신들은 나를 해하려 하였으나 하나님은 그것을 선으로 바꾸사 오늘과 같이 만민의 생명을 구원하게 하시려 하셨나니, 당신들은 두려워 마소서. 내가 당신들과 당신들의 자녀를 기르리이다. (창세기 50:19-21)

요셉은 자신의 기나긴 준비 과정의 의미를 잘 알고 있었습니다. 그는 마침내 하나님께서 준비하신 땅에서, 하나님께서 준비하신 사람이 되었습니다.

신약성경에서는, 사도 요한의 삶이 준비를 위한 연단의 좋은 예가 됩니다. 요한은 아름다운 갈릴리 호수에서 열심히 고기를 잡는 평범한 어부에 지나지 않았습니다. 그와 형제 야고보는 아버지인 세베대와 함께 가업인 고기잡이에 종사하고 있었습니다. 이 두 형제는 자기들이 고기잡이로 있다가 장차 사람 낚는 어부요 예수 그리스도의 제자로 부르심을 받게 되리라고는 꿈에도 생각지 못했을 터입니다. 그들은 마침내 사도가 되었고 요한은 다른 여러 사도보다 오래 산 것 같습니다. 비록 초창기에는 야고보와 더불어 '우레의 아들'이라고 불리어지기도 했지만, 요한은 나중에 '사랑의 사도'로 알려지게 되었습니다.

요한은 열두 제자 중에서 예수님과 가장 가까웠던 것 같습니다. 그는 변화산에서 예수님과 함께 있는 특권을 누렸고 다락방에서는 예수님의 품에 의지하여 누워 있기도 했습니다.

또 예수님께서 십자가에 못 박히실 때 거기에 있었고, 예수님으로부터 어머니 마리아를 돌보아 달라는 부탁을 받기도 했습니다. 만년에 요한은 사역을 위해 에베소에 머무르게 되었는데, 그 부근에 있는 교회들의 감독자였던 것 같습니다. 요한은 사랑을 많이 받았고 그리스도를 섬기는 데 매우 열성적이었습니다. 그러나 요한도 모진 시험의 기간을 거쳤습니다. 그때 그는 나이가 상당히 들었던 것으로 추측됩니다.

요한은 악명 높은 네로 황제의 가혹한 박해 기간에 살았습니다. 전승에 따르면 바울은 이 피에 굶주린 미치광이 통치자에게 죽임을 당하였습니다. 요한이 밧모섬에 유배당함으로써 그의 에베소 사역은 갑작스럽게 막을 내리게 되었습니다. 요한이 하나님의 말씀을 전파하는 일에 충성스러웠으며 결코 타협하지 않고 예수님 편에 굳게 서 있었다는 것은 확실합니다. 요한계시록에서 자신에 대해 증거하는 말을 통해 이를 알 수 있습니다.

> 나 요한은 너희 형제요 예수의 환난과 나라와 참음에 동참하는 자라. 하나님의 말씀과 예수의 증거를 인하여 밧모라 하는 섬에 있었더니. (요한계시록 1:9)

무척 부당해 보이는 이런 일을 당했을 때, 요한은 인간적인 나약함으로 인해 의기소침한 상태에 빠져들 수도 있었습니다. 그렇게 오랫동안 주님을 잘 섬겨 왔는데 왜 유배를 당해야만 합니까? 요한이 유배된 곳이 어떤 곳인지를 알면 그가 그런 생각을 할 수도 있었다는 것을 알게 됩니다. 그 섬은 지금의 터키 해안에 위치한, 나무 한 그루 없는 바위투성이의 외딴 섬이었습니다. 폭이 약 10km에 길이가 16km이었으며, 에베소에서 남서쪽으로 90km 떨어진 에게해에 있었습니다. 로마제국 시대에는 주로 종교나 정치범을 귀양 보냈던 유배지였습니다. 언뜻 보기에는 사탄이 마침내 하나님의 충성스러운 종을 격리시키고 그의 사역을 중단시키는 데 성공한 것 같았을지도 모릅니다.

　하지만 하나님의 계획은 도도히 이루어지고 있었습니다. 하나님께서는 그 종을 분주한 사역으로부터 이끌어 내셔서 아주 특별한 일을 위해 준비하고 계셨습니다. 이것은 준비를 위한 연단입니다! 그렇습니다. 그 미치광이 황제는 요한을 이 조그만 섬에 유배하고 나서 큰 승리를 쟁취했다고 생각했을지도 모르나, 하나님께서는 여전히 역사하고 계셨습니다. 하나님께서는 실제로 악인을 이용하여 하나님께 찬양을 돌릴 수 있는 기회를 만들고 계셨습니다. 사도 요한은 자신을 파멸시킬 수도 있었던 마음속의 갈등을 잘 다룬 것 같습니다. 하나님께서 자신의 계획을 알려 주시려고 할 때 그 종도 준비가 되어 있었습니다. 그래서 요한은 자신에 대하여 "주의 날에 내가 성령에 감동하여… 큰 음성을 들으니"라고 말하고 있는 것입니다(요한계시록 1:10). 바로 이때 절대주권을 가지신 하나님께서는 요한에게 말씀하셨고, 하나님의 계획은 펼쳐지기 시작했습니다.

그 결과, 이미 신약성경 중 네 권을 기록한 바 있는 노사도 요한은 다른 누구도 경험하지 못한 하나님의 신비한 일들을 경험하게 되었습니다. 영광 중에 계신 하나님의 아들의 모습을 보았습니다(요한계시록 1:13-16). 그리고 "그러므로 네 본 것과 이제 있는 일과 장차 될 일을 기록하라"(요한계시록 1:19)라는 명령을 받았습니다.

이처럼, 하나님께서는 에게해의 외딴섬에 있는 고독한 이 사람을 사용하여 성경 전체에서 가장 경이로운 예언서를 쓰셨습니다. 그 책이 바로 요한계시록이며, 성경의 맨 마지막 책입니다. 요한이 만일 불평이나 하며 자기 연민에 빠져 있었더라면 이 특별한 일을 위한 준비가 되어 있지 않았을 것입니다. 이처럼 이 하나님의 종은 하나님의 신비하고도 완벽한 계획에 자신을 굴복시켰기에 준비를 위한 연단이 잘되었습니다. 그리고 하나님께서는 특별한 복 가운데로 그를 이끄셨습니다.

하나님께서는 어떤 특별한 일을 위해 우리를 준비시키기 원하십니다. 당신은 연단을 받을 준비가 되어 있습니까? 기꺼이 그 연단에 응하겠습니까?

주 하나님 다니신 길
놀랍고도 신비하도다
파도 위에 발자취를 남기시고

폭풍 속을 달리시네

깊고 깊은 지혜 측량할 수 없고
비할 데 없는 솜씨 실수가 전혀 없네
주 하나님 품으신 뜻
다 이루어지도다
윌리엄 쿠퍼

5
성숙을 위한 연단

하나님의 뛰어나신 판단을 신뢰하지 않고 하나님과 더불어 논쟁을 벌이다가 결국 부끄러움만 당한 적이 얼마나 많습니까? 하나님께서 떨기나무 불꽃 가운데 나타나셨을 때 모세가 바로 그런 잘못을 범했습니다. 하나님께서는 광야에서 모세를 부르셨습니다. 모세를 통해 애굽에서 하나님의 영광을 나타내기를 원하셨습니다. 그래서 모세를 애굽에 보내고자 하셨으나 모세는 가기를 원치 않았습니다.

하나님께서는 출애굽이라는 역사상 매우 중요한 사건 하나를 행하실 계획이었습니다. 이를 통해 하나님께서는 권세 있는 애굽왕 바로 앞에서 영광을 받으시며 또 하나님의 사랑하시는 백성을 압제로부터 해방하고자 하셨습니다. 그러나 모세는 아주 겁을 먹고 있었습니다. 자신이 애굽에서 수배자라는 사실만이 머릿속을 맴돌았습니다. 뿐만 아니라 모세는 이미 정착해서 아내와 가족과 함께 안정된 삶을 살고 있었고, 소박한 광야 생활에 만족하고 있었습니다.

출애굽기 3-4장에서 모세가 여러 '핑계'를 대고 있지만, 사실 모세는 핑계 정도가 아니라 하나님과 더불어 논쟁을 벌이고 있었습니다. 그는 하나님께서 맡기시려는 임무를 회피하기 위해 안간힘을 쓰고 있었습니다. 너무나 자주 우리도 이렇게 행한다는 사실이 놀랍지 않습니까? 말로는 하나님을 신뢰한다고들 하지만, 막상 하나님께서 우리를 가리키시면서 어떤 일을 하라고 하면 머뭇거리고 반항하며 꽁무니를 뺍니다. 그러나 하나님의 은혜로운 손길은 우리와 함께하셔서 우리의 삶을 온전케 하시며, 하나님의 무한한 지혜 가운데 미리 디자인한 사람이 되도록 우리를 빚어 가십니다. 로마서 8:28-29은 이러한 사실을 명확하게 보여 줍니다.

> 우리가 알거니와 하나님을 사랑하는 자, 곧 그 뜻대로 부르심을 입은 자들에게는 모든 것이 합력하여 선을 이루느니라. 하나님이 미리 아신 자들로 또한 그 아들의 형상을 본받게 하기 위하여 미리 정하셨으니 이는 그로 많은 형제 중에서 맏아들이 되게 하려 하심이니라.

우리는 대개 최선의 삶을 살고 싶다고 하면서도 하나님께서 최선을 제안하면 거절합니다. 우리는 자신이 더 잘 안다고 생각합니다. 그러나 하나님께 감사하십시오. 하나님께서는 결코 우리를 포기하지 않으십니다. 여기서 다루고자 하는 것은 성숙을 위한 연단입니다. 앞 장에서는 준비를 위한 연단에 대해 살펴보았습니다. 이는 하나님께서 그 자녀들을 특별한 축복이나 봉사를 위한 기회가 기다리고 있는 곳으로 이끄시기 위한 것이었습니다. 이제 하나님께서는 또한 우리를 하나님이 원하시는 사람으로 빚어 가신다는 사실을 알게 됩니다.

이 두 종류의 연단은 종종 동시에 이루어집니다. 이 둘을 분리한다는 것은 어려울 수도 있습니다. 하나님께서는 언제나 우리를 위한 완벽한 목표를 마음에 간직하고 계십니다. 로마서 8:28-29은 이 목표가 "그 아들의 형상"을 본받는 것임을 분명히 보여 줍니다. 이것이 28절에서 말하는 "선"입니다. "모든 것"이 합력하여 이 목표를 이룹니다. 하나님께서는 각 그리스도인의 삶에서 이 목표를 성취하시기 위해 인자하면서도 확실하게 역사하고 계십니다. 이 거룩하신 토기장이이신 하나님께서 하시는 일은 즐겁고 유익하기도 하지만 때로는 당황스럽고 심지어 고통스러울 때도 있습니다. 이 모든 것이 "선"을 이루기 위한 것입니다. 하나님께서는 자신의 영원한 청사진에 따라 역사하고 계십니다. 그것은 하나님의 디자인입니다. 우리가 안심하고 하나님께 모든 것을 맡기며 하나님께서 원하시는 대로 하게 해 드린다면 어떤 경우도 잘못되는 일이 없습니다. 하나님께서는 우리로 그 아들의 형상을 닮아 가게 하고 계십니다.

성숙을 위한 이러한 연단은 종종 이해하는 데 어려움을 느끕니다. 외부로부터 어려움이 닥쳐오면 대개 "왜?"라고 묻습니다. 그러나 하나님께서는 거기에 대해 시원하게 답변을 해 주시지 않을지도 모릅니다. 하나님께서는 자신이 하시는 행동에 대해 일일이 설명하셔야 할 의무가 없습니다. 하나님께서는 절대주권을 가지고 계십니다. 하나님께서는 이미 목표를 정하셨습니다. 그것은 바로 하나님의 아들의 형상을 본받는 것입니다. 그리고 이를 이루기 위해 어떤 과정을 선택하느냐 하는 것은 하나님의 권한에 속합니다. 하나님께서는 "모든 것"을 이용하십니다. 그리고 그 누구에게도 설명해 주지 않으십니다. 그러나 하나님의 사랑과 계획 가운데 하나님께서는 반드시 우리에게 가장 좋은 것을 행하십니다. 처지가 아무리 암담하고 아무리 고통스러워도 우리가 나타내야 할 가장 좋은 반응은 "내 원대로 마옵시고 아버지의 원대로 되기를 원하나이다"라고 말씀드리는 것입니다.

성숙을 위한 연단의 예

이러한 종류의 연단을 받은 사람의 예로 가장 많이 인용되는 사람은 욥일 것입니다. 성경에서 욥만큼 영문을 알 수 없는 극심한 고난을 받은 사람은 없을 터입니다.

욥기 1장을 주의 깊게 읽으면서 욥의 입장에 서서 곰곰이 생각해 보십시오. 욥이 경건한 사람이라는 데는 의문의 여지가 없습니다. 그에게 일어난 비극적인 사건이 그의 어떤 죄에 대한 심판처럼 보이지는 않습니다. 사실 하나님께서도 믿는 자들을 참소하는 사탄에게 이렇게 말씀하실 수 있을 정도였습니다. "네가 내 종 욥을 유의하여 보았느냐? 그와 같이 순전하고 정직하여 하나님을 경외하며 악에서 떠난 자가 세상에 없느니라"(욥기 1:8).

물론 욥은 하나님과 사탄 사이의 대화를 들을 수가 없었습니다. 욥은 단지 자기에게 무슨 일이 일어나고 있는가만 알고 있었습니다. 갑자기 이유를 알 수 없는 재앙이 몰려왔습니다. 종들과 약대들과 아들딸들을 순식간에 잃었습니다. 이 재앙이 어떤 것은 사람들에 의한 것이고 어떤 것은 자연 현상에 의한 것이라는 점을 주목하십시오.

왜 이런 일이 자신에게 일어났는지 욥은 알 수 없었습니다. 모두가 수수께끼요 악몽과도 같았습니다. 그는 아마도 '잠에서 깨어나 이것이 꿈이었다는 게 밝혀졌으면 좋겠다'라고 생각했을지도 모릅니다. 그러나 시간이 흘러감에 따라, 슬픈 현실은 그에게 비탄과 의문만을 남겼습니다. 그러나 하나님께서는 그 이유가 무엇이고 뭐가 어떻게 돌아가는지를 설명해 주시지 않았습니다. 이 때문에 성숙을 위한 연단은 종종 우리 믿음에 대한 시험이 됩니다. 그러나 우리는 이런 연단을 통하여 믿음이 견고해집니다. 대부분 욥만큼 철저히 모든 것을 잃어버리는 경험을 하지는 않습니다. 사실 욥보다 훨씬 덜한 시련에서도 실족하곤 합니다.

하지만 욥은 아주 강한 믿음의 사람이라는 게 드러났습니다. 우리가 이겨낼 수 없는 시련이 닥쳐오지나 않을까 염려하지 않도록 하십시오. 고린도전서 10:13에서 하신 하나님의 약속을 기억하기 바랍니다.

사람이 감당할 시험 밖에는 너희에게 당한 것이 없나니 오직 하나님은 미쁘사 너희가 감당치 못할 시험 당함을 허락지 아니하시고 시험당할 즈음에 또한 피할 길을 내사 너희로 능히 감당하게 하시느니라.

욥은 그 시험을 잘 감당했으며, 우리도 하나님의 넉넉한 은혜로 말미암아 그렇게 할 수 있습니다. 욥의 반응은 땅에 엎드려 경배하는 것이었습니다. 그리고 그는 다음과 같은 놀라운 기도를 했습니다.

내가 모태에서 적신이 나왔사온즉 또한 적신이 그리로 돌아가올지라. 주신 자도 여호와시오 취하신 자도 여호와시오니 여호와의 이름이 찬송을 받으실지니이다. (욥기 1:21)

그리고 다음 22절은 계속해서 "이 모든 일에 욥이 범죄하지 아니하고 하나님을 향하여 어리석게 원망하지 아니하니라"라고 기록하고 있습니다. 그는 하나님을 매우 경외하고 있었기에 모든 것을 잃어버린 그런 상황에서도 하나님을 신뢰했습니다. 그 상황에 대한 욥의 해석이나 평가는 그의 제한적이고 인간적인 관점을 벗어날 수 없었습니다. 하나님의 시야야말로 완전하고 영원한 것이었습니다. 이러한 사실을 알기에 욥은 하나님을 신뢰할 수 있었습니다.

어두운 상황에 처하면 너무나 자주 우리는 근시안적인 시야로 불평을 하기 시작합니다. 오스왈드 체임버스는 그런 상황에 대해 다음과 같이 지혜롭게 말했습니다. "우리가 주님의 징계를 경히 여기고, 주님의 책망을 받을 때에 낙담한다면, 이는 하나님께서 하고 계시는 일을 이해하지 못하고 있기 때문입니다."

그러고 나서 체임버스는 그러한 상황에서 어떻게 기도해야 하는지를 보여 줍니다. "우리는 '주님, 주님께서 원하시는 모든 것을 제게 행하시옵소서'라고 말씀드릴 수 있는 정도의 수준에 있습니까?" 욥이 그런 기도를 했다고는 기록되어 있지 않으나, 그가 그런 태도를 가지고 있었다는 점은 분명합니다(욥기 1:21). 하나님께서는 욥이 더 많은 것을 잃도록 하셨습니다. 그는 건강을 잃었습니다(2:7). 설상가상으로 아내마저 "당신이 그래도 자기의 순전을 굳게 지키느뇨? 하나님을 욕하고 죽으라"(2:9) 하고 다그치며 그에게 등을 돌렸습니다.

아내의 그 말에 대한 욥의 대답은 주목할 만합니다. 아내의 믿음 없는 말에 욥이 흔들리지 않았다는 것은 명백합니다. 오히려 "그대의 말이 어리석은 여자 중 하나의 말 같도다. 우리가 하나님께 복을 받았은즉 재앙도 받지 아니하겠느뇨?"라고 반문했습니다(2:10상). 그리고 욥기는 중요한 사실 하나를 더 말해 줍니다. "이 모든 일에 욥이 입술로 범죄치 아니하니라"(2:10하). 이렇게 자기를 잘 제어할 수 있는 사람이 얼마나 되겠습니까? 이는 혹독한 시련에 대한 성숙한 반응임에 틀림없습니다. 비록 선한 의도에서 욥을 찾아왔으나 잘못된 방향으로 조언을 하는 세 친구 앞에서도 욥은 하나님께 대한 순전함을 유지했습니다.

이것은 진실로 성숙을 위한 연단이었습니다. 하나님께서는 하나님의 종을 원하시는 바대로 빚어 가고 계셨습니다. 주님께서는 거룩한 청사진에 따라 주님의 종을 성숙하게 하고 온전케 하고 계셨던 것입니다. 욥은 믿음의 거장이니까 이 모든 것이 그에게는 아주 감당하기 쉬웠을 것이라고 생각해서는 안 됩니다. 사실 욥은 자기가 당하고 있는 일이 고통스럽고 또 당황스럽기도 하다는 점을 분명히 했습니다. 이는 친구들에게 한 말 가운데 나타납니다. "내가 평안하더니 그가 나를 꺾으시며, 내 목을 잡아 던져 나를 부숴뜨리시며, 나를 세워 과녁을 삼으시고 그 살로 나를 사방으로 쏘아 인정 없이 내 허리를 뚫고 내 쓸개로 땅에 흘러나오게 하시는구나"(욥기 16:12-13). 욥은 친구들에게 자기의 곤경을 이해해 달라고 호소하기도 했습니다. "나의 친구야, 너희는 나를 불쌍히 여기라. 나를 불쌍히 여기라. 하나님의 손이 나를 치셨구나"(19:21).

그럼에도 엄청난 고난 가운데 있던 욥은 하나님께서 이 모든 일에서 선한 목적을 가지고 계시다는 사실을 알고 있었습니다. "나의 가는 길을 오직 그가 아시나니 그가 나를 단련하신 후에는 내가 정금같이 나오리라"(23:10). 성숙을 위한 연단은 바로 이와 같습니다. 이를 통해 하나님의 종은 더 온전케 되며, 하나님께는 영광이 돌아갑니다.

사도 바울은 하나님의 경이롭고 부드럽고 온전케 하시는 손길에 의해 연단을 받은 또 하나의 예가 되는 사람입니다. 다소성의 사울은 여러 가지 자랑거리와 자격을 구비한 명석한 유대인이었습니다. 빌립보서 3:5-6은 그가 가진 좋은 배경을 일부 보여 줍니다. 더구나 그는 많은 특권이 따르는 로마 시민권을 가지고 있었습니다. 바울은 분명 유대인과 로마인이 가질 수 있는 가장 좋은 것을 가지고 있었습니다. 그에게는 자랑할 만한 거리가 많이 있었습니다.

하나님께서는 그러한 훌륭한 조건을 지닌 사람을 하나님의 일에 사용하기를 기뻐하시리라 생각할 수도 있을 것입니다. 그러나 하나님께서는 그런 것에 중요성을 부여하시는 분이 아닙니다. 성경 전체를 통해 볼 때, 하나님께서는 적합하지 않은 것 같은 사람들도 택하여 사용하실 수 있다는 사실을 알 수 있습니다. 하나님께서는 일개 목동이었던 다윗과 평범한 어부였던 요한을 사용하셨습니다. 그러나 하나님께서는 또한 뛰어난 자질을 가진 사람들도 택하여 바꾸어서 하나님의 일을 위해 사용하기도 하십니다. 바울이 바로 그런 경우라고 할 수 있습니다.

바울은 훌륭한 조건을 숱하게 가지고 있었지만 갈아 내야 할 부분이 많은 모난 돌멩이와 같았습니다. 교만하고, 아집이 강했고, 적개심이 불타던 사람이었습니다. 사실 어찌나 유대교에 열심이 있었던지 예수님을 믿는 이 새로운 종파를 말살하기로 결심하고 행동으로 옮겼습니다(갈라디아서 1:13-14 참조). 그 무엇도 이 격분하고 있는 젊은이의 행동을 중지시킬 수가 없을 것 같았습니다. 그는 스데반을 돌로 칠 때 곁에 있었고, 하나님의 종 스데반을 치는 일에 찬성했습니다. 바울의 명석한 머리와 뜨거운 가슴은 그리스도를 따르는 많은 사람들을 핍박하고 잔해하는 데 사탄에게 쓰임을 받았습니다. 아주 헌신적이었던 이 젊은 바리새인은 다메섹의 그리스도인들을 잔해하고 투옥하기 위해 대제사장으로부터 공적인 권위를 부여받아 다메섹을 향해 출발했습니다.

하나님께서는 이 사악한 행동을 저지하기로 하셨습니다. 하나님께서는 이 마귀의 종을 사로잡아 하나님의 종으로 변화시키기로 작정하셨습니다. 이후에 바울은 충격적인 경험을 하게 되었습니다. 참으로 그를 겸손케 만드는 경험이었습니다. 그는 다메섹으로 가는 길에서, 자기가 그렇게 증오했던 예수님에 의해 땅에 고꾸라졌습니다. 아이러니하게도 그는 자기가 핍박하려고 가던 다메섹 땅에 장님이 되어 들어갔습니다.

바울에 대한 하나님의 계획이 실현되려면 먼저 하나님의 나라에 합당한 종이 되도록 완전히 그의 삶이 변화되어야만 했습니다. 여기에는 많은 고통과 스트레스가 따랐습니다. 마치 야생마를 훈련하는 것과도 같았을 것입니다. 하나님께서는 이 사람을 향한 하나님의 계획에 부합되는 특별한 방법을 사용하셨습니다. 하나님께서는 아나니아라는 그리스도인에게 곧 예수님의 사도 중 한 사람이 될 이 젊고도 반항적인 사울을 위한 하나님의 계획을 일부 보여 주셨습니다. 바울의 시력을 회복시키기 위해 그에게로 보내시면서 주님께서는 아나니아에게 다음과 같이 말씀하셨습니다.

> 가라. 이 사람은 내 이름을 이방인과 임금들과 이스라엘 자손들 앞에 전하기 위하여 택한 나의 그릇이라. 그가 내 이름을 위하여 해를 얼마나 받아야 할 것을 내가 그에게 보이리라. (사도행전 9:15-16).

여기서 우리는 하나님의 종들 가운데 한 사람에 대한 하나님의 강렬한 의지와 목적을 알게 됩니다. 또한 이 독특한 사람을 성숙하게 하시기 위해 하나님께서 사용하시려는 방법에 대해서도 약간 알 수 있습니다. 해를 받는 것은 바울이 "선" 즉 "그 아들의 형상을 본받는 것"에 이르기 위해 반드시 거쳐야 할 "모든 것" 가운데 주요한 부분을 차지하고 있었습니다. 이것은 결코 하나님의 보복이 아니었습니다. 오히려 뭔가 더욱 적극적인 것을 하시고자 하셨습니다. 말하자면 하나님께서는 세계만방에 복음을 전파하는 데 핵심적인 역할을 할 한 사람을 세우시려는 것이었습니다. 물론 이러한 종류의 연단은 고통스럽습니다. 그러나 그것은 건설적인 것이요, 반드시 필요했습니다. 히브리서 12:11은 다음과 같이 말합니다. "무릇 징계가 당시에는 즐거워 보이지 않고 슬퍼 보이나 후에 그로 말미암아 연달한 자에게는 의의 평강한 열매를 맺나니."

바울에 대한 훈련 프로그램은 어떠했습니까? 사도행전 9장은 하나님의 훈련이 바울의 회심 직후부터 시작된 것을 잘 보여 줍니다. 처음부터 하나님의 능력이 바울의 사역에 분명히 나타났습니다. 그는 그리스도인들을 잔해하려고 갔던 다메섹에서부터 그리스도를 전파하기 시작했습니다. 심지어는 대단한 담력을 가지고 유대인의 회당에서도 복음을 전파했습니다(사도행전 9:20). 사람들은 바울의 삶의 변화와 그가 복음을 전할 때 나타나는 능력으로 인해 놀라지 않을 수 없었습니다. 그 결과 바울은 끊임없이 생명의 위협을 받았습니다. 한번은 유대인들이 그를 죽이기로 결정했기 때문에 밤에 광주리를 타고 성벽을 넘어 서둘러 도망하지 않을 수 없었습니다. 예루살렘으로 갔지만 거기서는 사도들이 처음에는 그를 교제 가운데 받아들이기를 꺼려했습니다(9:26). 또 예루살렘에 사는 유대인들도 그의 생명을 찾았기 때문에 또다시 피하지 않을 수 없었습니다(9:29-30).

바울의 생애에 대한 이야기는 이런 식으로 진행됩니다. 그의 사역은 평화로운 사역이 아니었습니다. 가는 곳마다 많은 반대에 부닥쳤습니다. 고린도후서 11:23-29에는 바울 자신이 받은 고난이 열거되어 있습니다. 수없이 매를 맞고, 돌에 맞고, 옥에 갇히고, 파선과 굶주림과 목마름으로 고생했으며, 가는 곳마다 위험이 도사리고 있었습니다. 그러나 이 고난받는 종은 그 모든 것을 잘 견디어 내었습니다.

바울은 자기 삶을 주관하시는, 사랑 많고 절대주권을 가지신 하나님을 믿었던 사람의 좋은 예입니다. 그리고 하나님께서 바울에게 특별히 축복해 주셨다는 사실은 분명했습니다. 주님께서는 그에게 특별한 계시까지 보여 주셨습니다(고린도후서 12:1-4). 바울은 훌륭한 전도자요, 열정적으로 교회를 개척한 사람이었습니다. 이방인들에 대한 그의 사역의 결과로 소아시아와 남부 유럽 곳곳에 교회가 세워졌습니다. 그는 담대하게 군인들과 왕들 앞에서도 주님을 증거했습니다. 아마도 교회사를 통해, 바울만큼 충성스럽고 효과적으로 복음을 전한 사람은 찾아보기 힘들 것입니다.

하나님께서는 주님께 대해 분노하고 반항하던 한 젊은이를 택하여 주님의 일을 성취하기 위해 성숙한 사람으로 변화시키셨습니다. 그것은 길고도 고된 과정이었지만 이 사도는 하나님께서 하나님의 목적을 이루시기 위해 자신의 삶 가운데 허락하신 것을 아무 불평 없이 잘 받아들였다고 믿습니다. 짐작건대 바울은 이 기나긴 과정을 거치면서 "내 원대로 마옵시고 아버지의 원대로 되기를 원하나이다"라고 하나님께 말씀드렸을 것입니다.

성숙을 위한 이러한 연단을 통하여, 지혜롭고 자상하신 하나님께서는 그 자녀들을 각 사람을 위한 하나님의 계획에 따라 인자하시면도 확실하게 빚어 가십니다. 때로는 어려운 과정도 있지만, 이를 통해 하나님께서는 하나님이 예비해 두신 일을 행할 수 있도록 그 종들을 준비시키시고 성숙하게 만들어 가십니다.

성경학교의 학생 하나가 하루는 교장을 찾아와서는, 하나님의 일을 위해 자기를 준비시켜 주는 더 쉽고도 더 짧은 과정은 없는지 물었습니다. 그때 교장은 이렇게 대답했습니다. "아, 물론 있네. 하지만 자네가 어떤 사람이 되기를 원하는지가 중요하네. 하나님께서는 참나무 한 그루를 키우기 위해서는 몇 십 년을 들이시지만, 배추 한 포기를 키우시기 위해서는 몇 개월만 들이신다네."

하나님께서는 우리를 '참나무'로 키우고 계시기 때문에, 우리 삶 가운데서 하나님께서 행하시는 일을 기꺼이 받아들이며, 우리에게서 하나님의 계획을 온전히 이루시도록 안심하고 자신을 하나님께 맡깁시다.

6
교정을 위한 연단

과학자들의 말에 따르면, 우리 지구와 태양은 천억 개의 별들로 이루어진 은하계의 일부라고 합니다. 이러한 별들이 굉장한 거리로 서로 떨어져 있다는 것을 생각하면 더욱 경이로움을 느낍니다. 우리가 속해 있는 이 은하계 외에도 이와 비슷한 은하들이 우리가 관찰할 수 있는 우주 공간 안에만 해도 적어도 수조 개나 흩어져 있다고 합니다. 그리고 이 중에 가장 가까운 것도 수십만 광년 이상으로 엄청나게 멀리 떨어져 있습니다.

이 어마어마한 사실이 의미하는 바가 무엇입니까? 시편 기자는 이 환상적인 우주의 창조주께서 우주만큼이나 크고 넓은 자비와 사랑을 우리에게 쏟아부으신다고 했습니다. 하늘을 빗대어 표현합니다. "대저 주의 인자하심이 하늘 위에 광대하시며 주의 진실은 궁창에 미치나이다"(시편 108:4). 주님의 사랑은 너무나 커서 하늘보다 높고 주님의 성실하심은 저 하늘 끝까지에 이릅니다.

사람의 궁핍 중에 하나님께서 채워 주실 수 없는 것은 없습니다. 어떤 사람은 '하나님의 자비하심이야말로 곤궁 가운데 있는 사람들에 대한 하나님의 기본적인 태도'라고 했습니다. 그 자비로 말미암아 하나님께서는 타락한 사람들을 구원하시기 위해 이 땅에 오셨습니다. 하나님의 자비는 실로 다함이 없습니다.

하나님께서는 우리가 살아가는 길을 주시하고 계시며, 우리가 길을 벗어나는지를 보고 계십니다. 우리는 자신에게 해가 되는 방향으로 나아가고 있을 수 있습니다. 그러면 하나님께서는 자비로운 교정을 통해 우리를 주님의 온전한 길로 돌이키십니다. 요나가 그런 경험을 했습니다. 그는 하나님의 뜻을 행하기를 거부하고 하나님 앞에서 도망하다가 커다란 물고기에게 삼키웠습니다. 하나님께서는 이러한 과정을 통하여 요나로 하여금 정신을 차리게 하셨습니다.

모세는 백성들에게 경고하는 가운데 이러한 사실에 대해 언급했습니다. "너희가 만일 그같이 아니하면 여호와께 범죄함이니 너희 죄가 정녕 너희를 찾아낼 줄 알라"(민수기 32:23). 하나님의 불꽃같은 눈 앞에서 아무것도 숨길 수가 없습니다. "지으신 것이 하나라도 그 앞에 나타나지 않음이 없고 오직 만물이 우리를 상관하시는 자의 눈 앞에 벌거벗은 것 같이 드러나느니라"(히브리서 4:13). 공항에 가 보면 놀라운 첨단 기술로 곳곳에 감춰져 있는 것도 기막히게 찾아서 드러내는 것을 볼 수 있습니다. 트렁크 따위는 그 속에 무기나 기타 반입이 금지된 품목이 들어 있는지 볼 수 있도록 X선 투과를 통과시켜야 합니다. 하나님의 눈은 이와는 비교할 수도 없이 식별력이 좋습니다. 하나님께서는 우리 마음속에 감추어진 죄를 아실 뿐만 아니라, 그 죄를 어떻게 다루어야 하는지도 아십니다.

우리는 이 땅에서의 짧은 생이 끝나면 영원한 심판이 모든 사람들을 기다리고 있다는 사실을 압니다(히브리서 9:27). 구원받은 그리스도인들에게는 그때가 행위에 대한 평가를 받고 그에 따른 상급을 받는 때입니다(고린도후서 5:10). 불신자들은 그때 다른 종류의 심판을 받습니다. 그들이 누군지가 모두 드러나게 되고 자기의 행위에 따라 심판을 받고 영원한 형벌에 처해집니다(요한계시록 20:12-15).

이 땅에서 살아가면서 받게 되는 심판도 있습니다. 앞에서 준비를 위한 연단과 성숙을 위한 연단에 대해 살펴보았습니다. 이 어느 것도 우리 죄에 대한 징벌로 생각해서는 안 됩니다. 오히려 이는 이 세상에 머무르는 동안 더 좋은 것을 주시기 위한 하나님의 수단입니다. 그러나 우리가 하나님께서 이끄시는 길로부터 벗어날 때 종종 우리에게 주어지는 연단이 있습니다. 이것은 교정을 위한 연단입니다. 이것이 고통스럽기는 하지만, 사랑의 하나님께서 때로 이를 통해 고집대로 걸어가고 있는 우리의 발걸음을 하나님께서 의도하신 길로 돌이키십시오.

　이것을 하나님께서 화가 나셔서 주님 앞에서 쫓아내시는 것으로 여겨서는 안 됩니다. "주께서 그 사랑하시는 자를 징계하시고 그의 받으시는 아들마다 채찍질하심이니라"라고 하신 하나님의 말씀을 기억하십시오(히브리서 12:6). 다윗 왕은 몇몇 경우에 하나님의 교정을 위한 연단을 경험했습니다. 그럼에도 하나님께서는 다윗을 일컬어 하나님의 뜻을 다 이룰, 하나님 마음에 합한 사람이라고 하셨습니다(사도행전 13:22). 비록 다윗이 하나님의 고통스러운 연단 과정을 통해 교정을 받기는 했지만, 그는 언제나 하나님의 사랑의 대상이었습니다. 우리도 마찬가지입니다.

　다윗의 삶 가운데 있었던 이러한 연단으로 흔히 입에 오르내리는 것은 심각한 도덕적 타락과 관련되어 있습니다. 다윗의 신복과 백성들이 전쟁을 하고 있을 때였습니다. 그는 마땅히 전쟁터에서 그들을 지휘하고 있어야 했습니다(사무엘하 11:1). 그러나 그는 저녁때에 침상에서 일어나 왕궁 지붕 위를 거닐고 있었습니다. 무료한 시간이었습니다. 이럴 때가 그리스도인들에게는 위험한 때입니다.

　우리 할머니는 "할 일이 없는 손은 마귀의 일을 위한 도구란다"라고 말씀하시곤 하셨습니다. 옳은 말입니다. 할 일이 없는 손만 그런 것이 아닙니다. 할 일이 없는 마음과, 다윗을 통해 배우듯이 할 일이 없는 눈도 마귀에게 이용당할 수 있습니다. 다윗은 밧세바를 보았고 정욕을 느끼게 되었습니다. 뿐만 아니라, 그는 원하는 대로 가질 수 있는 권력을 가지고 있었기 때문에 사람을 보내어 밧세바를 데려왔습니다(11:4). 그는 먼저 간음죄를 범했고, 이어서 자기 죄를 은폐하기 위해 살인죄를 범했습니다(11:15-17).

다윗은 죄를 범했고, 자신도 그 사실을 알고 있었습니다. 그러나 하나님께서 선지자 나단을 보내셔서 그를 가리키며 "당신이 그 사람이라!"라고 하실 때까지 자기 죄를 시인하지 않았습니다(사무엘하 12:7). 하나님께서는 그 담대한 선지자를 통해 "그러한데 어찌하여 네가 여호와의 말씀을 업신여기고 나 보기에 악을 행하였느뇨? 네가 칼로 헷 사람 우리아를 죽이되 암몬 자손의 칼로 죽이고 그 처를 빼앗아 네 처를 삼았도다"라고 다윗을 책망하셨습니다(12:9). 자기의 모든 죄가 이렇게 다 드러나자 비로소 다윗은 "내가 여호와께 죄를 범하였노라"라고 자백했습니다(12:13). 나단은 하나님의 용서를 알려 줍니다. "여호와께서도 당신의 죄를 사하셨나니 당신이 죽지 아니하려니와"(12:13).

사실 이 두 가지 죄는 모두 이스라엘에서는 사형에 해당됩니다. 그러나 하나님께서는 은혜로우셔서 그 종의 자백을 들으시고 용서해 주셨습니다. 하지만 그걸로 문제가 다 해결된 것은 아니라는 사실을 주목하십시오. 하나님께서는 다윗이 확실히 교훈을 받을 수 있게 하셨습니다. 사무엘하 12:14-15을 유의해 보십시오.

"이 일로 인하여 여호와의 원수로 크게 훼방할 거리를 얻게 하였으니 당신의 낳은 아이가 정녕 죽으리이다" 하고 나단이 자기 집으로 돌아가니라. 우리아의 처가 다윗에게 낳은 아이를 여호와께서 치시매 심히 앓는지라.

다윗의 죄의 결과로 그 아이는 죽었습니다(12:19). 하나님께서는 여전히 주님의 종 다윗을 사랑하셨습니다. 다윗은 용서를 받았습니다. 그는 여전히 하나님께 특별한 존재였고, 하나님의 계획에서 중요한 위치를 계속 차지하고 있었습니다. 그러나 그가 배워야 할 중요한 교훈이 있었습니다. 우리도 이것을 이해하는 것이 중요합니다. 가볍게 꾸짖고 넘어가는 것이 해결책은 아닙니다. 그래서 다윗에 대한 하나님의 사랑은 이러한 징계로 나타났던 것입니다. 하나님께서는 범죄의 결과로 태어난 아기를 앓게 하셨고 아기는 죽었습니다. 이것은 교정을 위한 연단이었습니다. 하나님께서는 주님의 자녀인 다윗을 의의 길로 돌이키시기 위해 단호하게 다루셨습니다. 이것은 징계이지만, 또한 사랑의 행위입니다.

다윗이 두 번째로 교정을 위한 연단을 받게 된 것은 이스라엘 백성의 인구수를 조사한 일과 관련된 죄 때문이었습니다(사무엘하 24장). 이 사건과 연관해서는 여러 가지 해석이 가능합니다. 아무튼 인구 조사를 명령한 것은 다윗의 교만한 태도였습니다. 이스라엘은 전례 없이 강해졌고, 다윗은 왕들 가운데 가장 강력한 왕으로 우뚝 서 있었습니다. 그 결과 자기 개인의 업적으로 인해, 혹은 이스라엘이 무적이라는 사실로 인해, 그는 아주 교만해졌던 것 같습니다. 이것이 하나님께서 진노하신 이유로 짐작됩니다. 그리하여 하나님께서는 사탄이 다윗을 유혹하여 교만한 마음을 먹고 이스라엘의 인구 조사를 하게 하는 것을 허락하셨습니다(역대상 21:1).

다윗이 그 일을 시키자 군대장관 요압은 처음에 반대했습니다(사무엘하 24:3). 그럼에도 강행시킨 다윗은 이내 자기가 범죄한 사실을 깨달았습니다.

> 다윗이 인구수를 조사한 후에 그 마음에 자책하고 여호와께 아뢰되 "내가 이 일을 행함으로 큰 죄를 범하였나이다. 여호와여, 이제 간구하옵나니 종의 죄를 사하여 주옵소서. 내가 심히 미련하게 행하였나이다" 하니라. (사무엘하 24:10)

선지자 갓을 통해 다윗에게 하신 말씀을 보면, 하나님께서도 그 일이 죄라고 여기고 계심을 분명히 알 수 있습니다(11-13절). 밧세바로 인해 죄를 지었을 때처럼, 이번에도 하나님께서는 주님의 종을 징계하시겠다고 하셨습니다. 이전처럼 하나님께서는 주님의 자녀를 주님의 뜻 가운데로 이끄시기 위해 사랑의 행동을 하고 계셨습니다. 그러나 이번 경우의 특이한 점은 하나님께서 다윗에게 세 가지 벌 가운데 하나를 선택하게 하신 것입니다. 즉 다윗은 7년 동안의 기근, 대적에게 쫓겨 3개월 동안 도망 다니는 것, 3일간의 온역 중에서 하나를 택해야 했습니다(사무엘하 24:11-13).

이 세 가지 종류의 벌로부터 일반적인 원리를 이끌어 내 보면, 하나님께서 주님의 자녀들을 징계하실 때 사용하시는 세 가지 방법을 알 수 있습니다. 실제로 하나님께서는 오늘날도 이러한 징계 수단을 사용하십니다. (1) 궁핍이나 개인적인 손실, (2) 다른 사람들의 대적과 핍박, (3) 질병.

다윗의 반응은 주목할 만합니다. 선지자에게 한 그의 대답을 들어 보면, 비록 하나님의 해결 방식에는 죄에 대한 응징이 수반되고 있었지만, 그는 하나님께서 공정하고 자비롭게 다루실 것으로 굳게 믿고 있었습니다. 하나님을 신뢰하고 있었던 것입니다. 그래서 하나님의 마음에 합한 이 사람은 "내가 곤경에 있도다. 여호와께서는 긍휼이 크시니 우리가 여호와의 손에 빠지고 내가 사람의 손에 빠지지 않기를 원하노라"(사무엘하 24:14)라고 했습니다. 하나님께서 사람보다 훨씬 더 자비로우실 것을 잘 알고서 그는 하나님의 선택에 자신을 맡기고자 역병을 택했습니다.

다윗은 기꺼이 자기에 대한 징계를 자비로운 하나님의 손에 의탁했습니다. 이보다 더 나은 선택이 있을 수 있었겠습니까? 그는 자신에게 죄가 있다는 사실을 알았습니다. 또한 하나님의 징계가 필요하다는 사실도 이해하고 있었습니다. 그래서 그는 따지려 들지 않았으며, 기꺼이 하나님께 자신을 내맡겼습니다.

나중에 그는 그 재앙이 그치게 하기 위하여 온전한 대가를 치르고 제사를 드렸습니다. 지름길이나 안일하고 값싼 방법을 택하지 않았습니다(사무엘하 24:19-25).

교정을 위한 연단의 또 하나의 예는 1차 전도 여행 때 바울과 동행했던 마가 요한의 삶에서 찾아볼 수 있습니다. 이 젊은이에 대해 별로 많이 알려져 있지는 않습니다. 사도행전 15장에 보면, 마가 요한을 두고 바울과 바나바가 의논을 하고 심지어 다투기까지 하고 있지만, 그가 한 말은 한마디도 기록되어 있지 않습니다.

마가 요한의 문제는 바울과 바나바가 그들의 두 번째 전도 여행을 계획할 때 거론되었습니다(사도행전 15:36-39). 바나바는 마가 요한이라는 젊은이를 다시 한번 전도 여행에 데리고 가기를 원했습니다. 물론 마가 요한이 그의 조카라는 점도 간과할 수는 없습니다. 한편 바울은 1차 전도 여행 때 "밤빌리아에서 자기들을 떠나 한가지로 일하러 가지 아니한 자를 데리고 가는 것이 옳지 않다"라고 하면서 그를 데리고 가서는 안 된다고 주장했습니다(사도행전 15:38).

오랫동안 나는 이 다툼에서 바울이 옳다고 생각했습니다. 그 젊은이는 다시 한번 기회를 가질 만한 자격이 없었습니다. 죄는 마땅히 다루어져야 합니다. 그는 스스로 적임자가 아님을 드러내었습니다. 후에 이 사건을 다시 곰곰이 생각해 볼 때, 바나바도 옳았다는 사실을 알게 되었습니다. 그는 하나님의 긍휼을 더 잘 나타내었던 것입니다.

두 사람은 각기 하나님의 관점의 일부만을 알았습니다. 죄는 마땅히 밝혀지고 다루어져야 한다는 점에서는 바울이 옳았습니다. 성경 전체를 통해 하나님께서는 죄를 이렇게 짚고 넘어가셨다는 것이 분명합니다. 그러나 바나바는 하나님의 성품의 또 다른 측면을 보았습니다. 하나님의 자비로우시고, 긍휼이 많으신 면을 보았던 것입니다. 그렇습니다. 죄는 마땅히 드러내고 또한 다루어야 하지만, 하나님께서는 또한 죄 지은 자녀들을 주님과의 교제 가운데로 이끄시며, 유용한 일꾼으로 만들고자 하십니다.

이를 위해서 하나님께서는 여러 가지 방법을 사용하셨습니다. 마가 요한의 경우에는 '권위자'인 바나바를 사용하셨습니다(사도행전 4:36). '권위자'라는 말은 '위로의 아들', '격려하는 사람'이라는 뜻입니다. 적어도 그때까지는 바울은 마가와 같은 사람에 대해 긍휼을 가지고 있지 않았던 같습니다. 빌레몬서는 바울이 나중에는 이런 면에서 성숙했음을 보여 줍니다. 그러나 바나바는 제멋대로 하는 마가 요한을 데리고 떠났습니다. 그의 사려 깊은 돌보심으로 말미암아 마가는 하나님의 나라에 유익한 일꾼으로 성장했습니다. 실제로 바울도 후에 그 사실을 인정했습니다. 그는 디모데에게 "네가 올 때에 마가를 데리고 오라. 저가 나의 일에 유익하니라"라고 말했습니다(디모데후서 4:11).

그렇습니다. 하나님께서는 우리가 정로를 벗어나 방황하면 다시 우리를 주님의 뜻 가운데로 이끄십니다. 이를 위해서 고된 시련을 사용하시기도 하고, 바나바와 같은 사람을 사용하시기도 합니다.

　이러한 모든 종류의 연단에서 하나님의 종들이 어떤 반응을 나타내느냐가 가장 중요합니다. 우리는 종종 시련의 목적에 대해 잘 모릅니다. 그럼에도 우리는 하나님을 신뢰해야 하며, 그 경험을 통해 우리에게 가르치시도록 해 드려야 합니다. "역경에 처할 때"라는 소책자가 내게 유익을 주었습니다. 거기에는 역경에 처할 때에 매우 도움이 되는 지침이 소개되어 있습니다. 저자는 네 단계를 제시합니다.

1. 하나님께서 나를 여기에 두셨다. 내가 이 역경에 처한 것은 하나님의 뜻에 의한 것이며, 나는 이 사실을 믿는다.
2. 하나님께서는 여기에 있는 나를 사랑으로 지켜 주실 것이며, 이 시련 가운데서 자녀답게 행동하도록 은혜를 베풀어 주실 것이다.
3. 하나님께서는 이 시련을 축복이 되게 하여 주셔서, 내가 배우기 원하시는 교훈을 가르쳐 주실 것이며, 베풀고자 하시는 은혜를 주실 것이다.
4. 하나님의 선하신 때에 이 역경으로부터 나를 이끌어 내실 것이며, 그 방법과 때는 하나님께서 아신다.

　그 소책자는 역경 중에 있을 때 이렇게 말하라고 제안합니다.

나는 지금

1. 하나님의 뜻에 의해,
2. 하나님의 돌보심 가운데,
3. 하나님으로부터 연단을 받으며,
4. 하나님의 시간 동안 이 시련 가운데 여기에 있습니다.

이 소책자의 지침대로 하면 실제로 어떤 일이 일어납니까? 우리는 우리를 사랑하시는 하나님께 자신을 맡기게 되며, 일어나고 있는 모든 것이 이해가 안 될 때마저도 신뢰하며 맡길 수 있습니다. 이것이 믿음의 발걸음입니다!

하나님께 설명을 요구하지 말아야 합니다. 하나님께서는 적어도 당장은 설명을 해 주시지 않을 수도 있습니다. 또한 그 환경으로부터 해방을 요구해서도 안 됩니다. 아마도 하나님께서 우리가 배우기 원하시는 교훈이 더 있을 것입니다. 우리는 기꺼이 하나님께서 우리를 위해 예정하신 과정을 더 밟아야 하며, 하나님께서 이를 통해 선을 이루신다는 사실을 믿어야 합니다.

하나님으로부터 교정을 위한 연단을 받을 때는 하나님과의 깊은 교제를 위한 좋은 기회가 될 수 있습니다. 우리는 자신이 하고 있는 경험을 통해 하나님께서 우리에게 가르쳐 주시기 원하는 바를 배우는 것이 중요합니다. 이 말은 우리가 자기 자신을 잘 살펴볼 필요가 있다는 것을 의미합니다(시편 139:23-24). 하나님께서는 우리가 정직히 자백하기를 원하시는 죄를 깨닫게 해 주실 것입니다. 우리는 즉시 그 죄를 시인하고 솔직하게 자백해야 합니다.

그러므로 교정을 위한 연단에 대한 우리의 반응은 하나님께 모든 것을 내맡기는 전적인 **굴복**이어야 합니다. 이 굴복에는 (1) 우리에 대한 하나님의 현재의 조치를 절대적으로 신뢰하고, (2) 솔직하게 자기를 돌아보고 자백하며, (3) 지속적으로 우리를 사랑하고 용서하고 인도하겠다는 하나님의 약속을 믿고, (4) 아무 조건이나 의심 없이 하나님께 순종하기로 새로이 헌신하는 일이 뒤따라야 합니다.

7

능히 이루게 하심

'**새**로 거듭나다!' 어느 신문의 기사 제목입니다. 유명한 회사가 경영이 악화되어 옛 경영진이 물러나고 새로운 경영진이 들어왔습니다. 새로운 CEO는 취임 첫마디로 "새로 거듭나겠습니다"라는 각오와 결심을 밝혔습니다. 새 경영진은 새로운 변화를 적극 시도하며 뼈를 깎는 노력 끝에 회사를 다시 일으켜 세웠고 이전과는 전혀 다른 회사로 변모하게 되었습니다. 그래서 기자는 기사의 제목으로 '새로 거듭나다'라고 한 것입니다.

오늘날 기업이나 단체든 정부든 많은 조직에서 '거듭나다'라는 말을 사용하곤 합니다. 지금까지의 방식이나 태도를 버리고 새롭게 시작한다는 의미가 들어 있습니다. 새로운 각오와 결심을 나타내는 말입니다. 그러면 성경에서 말하는 '거듭남'이 이런 의미일까요?

어느 날 밤, 바리새인 중에 니고데모라는 유대인의 관원이 예수님을 찾아왔습니다. 예수님께서는 그에게 이렇게 말씀하셨습니다. "진실로 진실로 네게 이르노니 사람이 거듭나지 아니하면 하나님 나라를 볼 수 없느니라"(요한복음 3:3).

구원에 있어서 하나님의 목적은 단지 우리에게 '새로운 수준'을 제시하는 것이 아니라 '새로운 삶'을 주시는 것입니다. 삶 자체를 완전히 새롭게 하십니다. 하나님의 계획은 죄로 가득 찬 세상에서 우리를 끄집어내어 먼지를 털고, 페인트칠을 하고, 컨디션을 조절해서, 바삐 움직이는 삶의 현장으로 되돌려 보내는 것이 아닙니다. 오늘날 '그리스도인들' 가운데는 거듭나는 것이 이러한 피상적인 것인 양 오해하고 있는 이들이 너무나 많습니다.

그리스도인이라 자처하는 많은 사람들에게서 하나님의 가족이라는 어떤 증거도 찾아볼 수 없습니다. 사도 베드로는 그래서는 안 된다는 것을 알고 있었습니다. 그래서 이 경건치 못한 세대를 향하여 레위기에 있는 하나님의 명령을 외치고 있습니다(레위기 11:44, 19:2, 20:7 참조). "오직 너희를 부르신 거룩한 자처럼 너희도 모든 행실에 거룩한 자가 되라. 기록하였으되 '내가 거룩하니 너희도 거룩할지어다' 하셨느니라"(베드로전서 1:15-16).

목회자요 저술가인 로저 팜즈는 지금 우리 가운데 만연되어 있는, 물 탄 듯한 기독교에 대해 염려하면서, 그리스도인의 삶에는 거룩함이 있어야 한다고 강하게 도전했습니다.

거룩함은 어디로 갔습니까? 요즘 사람들은, 그리스도인들도 마찬가지지만, 스스로를 너무 쉽게 용서합니다. '모든 것은 상대적이다. 상황에 따라 다르다. 양심에 걸리지 않으면 된다. 자기에게 도움이 되기만 하면 된다'라는 식의 생각에 따라 좋고 나쁨, 옳고 그름, 정당한가 정당하지 않은가를 판단합니다. 이와 더불어 거룩함이란 각 사람의 생각이나 느낌에 달려 있다는 생각이 보편화되어 있습니다. 그들은 하나님의 명령에는 전혀 신경을 쓰지 않습니다.

분명히 이러한 생각은 성경 말씀과 일치하지 않습니다. 하나님께서는 그리스도 안에 있는 구원으로 우리를 초대하셨는데, 그것은 그리스도의 생명에 동참하라는 부르심이기도 합니다. 그리스도인의 삶은 영적 출생으로부터 시작됩니다(요한복음 3:3). 이것은 하나님의 가족으로서의 삶의 시작입니다. 부모들은 자기 자녀들에게서 자신들과 닮은 점을 찾아보려고 애를 씁니다. 마찬가지로 하나님께서는 우리가 하나님의 자녀로서 경건함을 나타내기를 기대하십니다. 간단히 말해서 하나님께서는 우리에게서 하나님을 닮은 증거를 찾으시는 것입니다. 하나님께서 거룩하시기 때문에 하나님의 자녀들에게서 거룩함을 찾으시는 것은 당연합니다.

그렇습니다. 그리스도인의 삶을 사는 것은 놀라운 특권입니다. 그리고 하나님께서는 하나님의 자녀들에 대한 기대가 큽니다. 이는 당연한 일입니다. 우리는 주님의 생명을 소유하고 있습니다. 그러면서 여전히 사람이며, 인간적인 한계점도 가지고 있습니다. 그러나 이러한 사실이 그리스도 안에서 우리가 하게 되는 경험의 수준을 떨어뜨리지는 않습니다. 고린도후서 4:7에서는 이렇게 말씀합니다. "우리가 이 보배를 질그릇에 가졌으니 이는 능력의 심히 큰 것이 하나님께 있고 우리에게 있지 아니함을 알게 하려 함이라."

수년 동안 어느 유명한 음료수 회사의 슬로건은 '이것이 진짜다'였습니다. 이것은 그리스도인들의 슬로건이 될 수도 있습니다. 우리가 가진 이 '진짜'는 이 세상에서 가장 놀랄 만한 것입니다. 존 웨슬리는 그것을 '사람들의 영혼 속에 있는 하나님의 생명'이라고 불렀습니다.

그러나 그리스도인의 삶을 살아갈 때 한 번의 경험이 매일의 여러 필요를 다 채우지는 못합니다. 우리는 자신의 힘으로는 이를 감당할 수가 없습니다. 끊임없이 하나님의 능력에 의지해야 합니다. 우리가 활용할 수 있는 이런 최상의 자원이 있는데도 많은 사람들이 하나님께 의뢰하지 않고 혼자서 감당하려 하는 이유를 알 수 없습니다. 하나님 없이 하는 이러한 단독 비행은 그리스도인의 삶에서 심각한 오류를 발생시키며, 결국 패배와 실망을 맛보게 할 뿐입니다. 그러한 오류 네 가지를 살펴보도록 하겠습니다. 어떤 식으로든 다음과 같은 방법으로 삶에 접근하는 것은 우리 가운데서 역사하시는 하나님의 능력을 부인하는 셈입니다.

1. 자기 힘으로 하라. 이러한 접근 방식은 하나님의 은혜를

부인합니다. 이러한 방식은 오늘날 많은 이들에게 인기가 있습니다. 그들은 외부로부터 오는 도움을 다 거부하며, 심지어 하나님의 도움까지도 거부합니다. 우리 아이 하나는 세 살 때 내가 컵에 우유를 부어 주려고 하면 "내가 부을 수 있단 말이야!" 하면서 자기가 붓겠다고 고집했고, 대개는 자기 뜻대로 하면서 우유를 쏟곤 했습니다. 이런 식으로 자기 힘으로 하겠다는 사람들은 자기 자신이나 자신의 능력을 과대평가합니다. 그러다가 결국 종종 문제 속에 빠져듭니다.

  2. 율법주의. 율법적인 사람은 하나님의 사랑을 놓칩니다. 그는 하나님께서 그를 사랑으로 대하신다는 것을 이해하지 못합니다. 또한 그는 하나님의 사랑을 받고 있는 사람처럼 보이지가 않습니다.

저명한 신학 교수인 리처드 테일러는 경건한 훈련과 율법주의 사이의 커다란 차이에 대해 말했습니다. 그는 율법주의를 일컬어 '이교도들의 고행'이라고 하면서 이렇게 말했습니다. "고행은 그 자체에 주안점이 있습니다. 고행은 금지 사항과 규칙에 자신을 얽어매는데, 대개가 사소한 것들입니다. 그러나 영적 훈련은 그렇지 않습니다. 훈련은 주로 성경적으로 타당하고 확실한 영역에 대해 이루어집니다. 고행은 이 세상의 좋은 것들을 멸시하는 경향이 있습니다.… 이와는 대조적으로 영적인 훈련은 결코 이 땅에서의 복들을 가벼이 여기지 않습니다. 오히려 그것들을 영적인 목적을 위해 사용합니다."

율법주의자는 흔히 세밀한 규정에 사로잡혀 있으며, 경건한 삶의 본질적인 요소는 깨닫지 못합니다. 그는 사소한 문제를 큰 문제로 확대합니다. 예수님께서는 이러한 오류를 서기관과 바리새인들에게서 보셨습니다.

> 화 있을진저, 외식하는 서기관들과 바리새인들이여. 너희가 박하와 회향과 근채의 십일조를 드리되 율법의 더 중한 바 의와 인과 신은 버렸도다. 그러나 이것도 행하고 저것도 버리지 말아야 할지니라. (마태복음 23:23).

이 율법주의자들은 박하와 같은 것들의 십일조를 드리는 데는 주의를 기울이고 있었습니다. 그들은 세부적인 규정에 지나칠 정도로 마음을 쓰고 있었습니다. 그러나 그들은 보다 중요한 영적 책임인 다른 사람들에게 사랑을 베푸는 일이나 하나님께서 주신 청지기직을 감당하는 일 등은 소홀히 하고 있었습니다.

율법주의자는 괴로운 삶을 삽니다. 겉보기에는 매우 경건해 보이지만, 실제로는 그 반대의 삶을 살아가는 사람들의 전형적인 예입니다.

3. 자기중심적 태도. 자기중심적 태도를 가진 사람들은 모든 것의 가치를 그것이 자기에게 어떤 영향을 미치는가에 의해 판단합니다. 또한 자기가 원하느냐의 여부가 가장 중요합니다. 그의 개인적인 욕구가 삶에서 가장 강한 동기력이 되어 버렸습니다. 뿐만 아니라 다른 사람들과 환경에 대한 그의 반

응은 이기적인 욕망에 의해 결정됩니다. 이러한 욕망에는 성공하고자 하는 강렬한 욕구, 다른 사람보다 앞서려는 집요한 욕구, 다른 사람들을 지배하고 싶은 욕구, 쾌락을 즐기려는 끝없는 욕구 등이 포함됩니다.

솔로몬의 아들인 르호보암은 자기중심적 태도를 가진 사람의 표본입니다. 역대하 10-12장에 보면, 사치와 허식에 사로잡혀 있었던 그는 이스라엘 백성들이 자기의 이 과대한 욕망을 채워 주어야 한다고 생각했던 것 같습니다. 그에게는 아내 18명과 첩 60명이 있었습니다. 르호보암은 자기 아버지 솔로몬처럼 왕으로서의 권력을 사용하여 거대한 부를 획득하였습니다. 오직 르호보암 중심의 삶이었습니다. 그는 모든 삶을 자기의 욕망을 만족시키는 데 투자한 것 같습니다. 더구나 그는 백성에게 과중한 짐을 지우고자 했습니다. 그 결과 많은 사람들이 그에게서 등을 돌렸으며, 하나님께서는 그에게 복을 주실 수가 없었습니다.

이런 것들이 자기중심적인 태도를 가진 사람들의 문제입니다. 그들은 자기들이 원하는 것들에 너무 집착한 나머지 자기와 주위 사람들의 삶을 비참하게 만듭니다.

4. **금욕주의**. 애써 거룩한 척하는 사람들이 있습니다. 그들은 경건한 사람인 듯한 모습을 하고 있으나 성경적인 거룩함에 대해서는 사실 별로 알지 못합니다. 이러한 사람들은 그저 고행을 많이 하기만 하면 다른 사람들보다 하나님께 더 잘 받아들여진다고 믿고 있습니다.

리처드 테일러는 그러한 잘못된 생각에 대해서 다음과 같이 말했습니다. "우리가 범하기 쉬운 실수 하나는 **금욕적인 삶**과 거룩한 삶을 혼동하는 것입니다. 이 두 가지는 서로 같지 않습니다. 거룩함은 성경적이며 자아가 기준이 아닙니다. 금욕적인 삶은 자기중심적인 태도로 시작하고 끝을 맺을 수도 있습니다.… 하나님을 전혀 무시하고도 철저히 금욕적인 삶을 사는 것이 가능합니다. 그의 생각 속에는 하나님께서 자리하고 계시지 않습니다. 그러나 거룩한 삶에서는 결코 생각에서 하나님을 배제하지 않습니다."

참으로 옳은 말입니다! 자기중심적인 그런 훈련을 아무리 많이 해도 인간의 죄 된 마음을 거룩하게 한다거나 하나님께 더 열납되게 하지는 못합니다. 그러나 우리는 성령께서 하나님의 계획대로 살도록 우리 속에서 촉구하는 것을 알게 될 것입니다. 우리 힘으로 성화의 과정을 밟으려는 것은 아무 효과도 만족도 가져올 수 없습니다. 이를 위해 온전히 하나님께 의지해야 합니다. 이 말은 우리가 날마다 자신을 훈련하되, (1) 온전히 하나님을 의뢰하며(자기 힘으로 하는 것이 아님!), (2) 하나님을 사랑하기 때문에(율법주의가 아님!), (3) 하나님을 영화롭게 하기 위해서(자기중심적 태도가 아님!), (4) 주님의 생명이 우리 속에서 빛을 발하는 것을 보기 원하기(금욕주의가 아님!) 때문에 자신을 훈련해야 한다는 의미입니다.

하나님의 능력을 힘입어 그리스도인의 삶을 살기를 힘쓸 때 이 모든 것이 가능해집니다. 빌립보서 2:12-13은 이에 대해 아주 잘 보여 줍니다.

그러므로 나의 사랑하는 자들아, 너희가 나 있을 때 뿐 아니라 더욱 지금 나 없을 때에도 항상 복종하여 두렵고 떨림으로 너희 구원을 이루라. 너희 안에서 행하시는 이는 하나님이시니 자기의 기쁘신 뜻을 위하여 너희로 소원을 두고 행하게 하시나니.

그리스도를 닮는 것이 목표입니다. 하나님께서는 우리 속에서 이 목표를 이루기 위해 역사하시며, 우리도 동일한 목표를 향해 자신을 훈련하여야 합니다. 이 두 가지가 빌립보서 말씀에서 분명히 보여 주는 영적 성장의 열쇠입니다. 먼저 우리에게 "두렵고 떨림으로 너희 구원을 이루라"라는 말씀으로 우리 삶을 훈련하도록 도전합니다. 이것은 그리스도를 닮은 삶을 살라는 도전입니다. 이어서 빌립보 교인들의 질문을 예상이나 했듯이, "너희 안에서 행하시는 이는 하나님이시니 자기의 기쁘신 뜻을 위하여 너희로 소원을 두고 행하게" 하시기 때문이라고 했습니다. 여기서 우리는 그리스도를 닮아 가는 데는 두 가지 면이 뒤따른다는 사실을 알 수 있습니다. 하나님께서 일하시고, 또 우리가 일합니다. 그리스도인의 삶에서 우리는 하나님과 함께 일하는 동역 관계에 있습니다.

하나님께서 우리 안에서 역사하시고, 우리 삶에서 역사하셔서 영적 성숙이라는 목표로 우리를 이끄십니다. 그리고 우리는 우리를 위한 하나님의 계획을 따르기 위해 하나님과 마음을 합하여 노력하며 자신을 훈련합니다. 혼자만의 훈련으로는 결코 그 목표를 이룰 수가 없습니다. 예수님께서는 "나를 떠나서는 너희가 아무것도 할 수 없음이라"라고 분명히 말씀하셨습니다(요한복음 15:5). 요한복음 15장에서는 그리스도와 우리의 관계를 포도나무와 포도나무 가지의 관계로 비유합니다. 그리스도는 포도나무요, 우리는 가지입니다. 가지의 생명의 근원은 가지 자체가 아니요 포도나무입니다. 마찬가지로 우리 생명의 근원도 그리스도이십니다. 요한복음 15장에서 핵심적인 단어는 "거하다"입니다. 포도나무이신 그리스도로부터 진액이 흘러들어 올 때 가지인 그리스도인은 성장하고 열매를 맺을 수 있습니다. 가지가 열매를 맺으려면 포도나무와 긴밀하고도 생명을 공급받는 관계 가운데 있어야 합니다. 이처럼 우리도 그리스도와 긴밀한 교제 가운데 머물러야 합니다. 우리는 그리스도 안에 거해야 합니다. 이것이 우리의 훈련입니다. 생명을 주는 에너지가 주님으로부터 나오기 때문에 우리 삶은 주님과의 올바른 관계 가운데 영위되어야 합니다.

우리 구원을 "이루는" 일에 관해 토의하기에 앞서, 하나님께서 우리 속에서 어떻게 역사하시는지 살펴보도록 합시다. 빌립보서 2:12-13에 대한 어거스틴의 해석은 우리에게 도움이 됩니다. "우리가 원하나 하나님께서 우리 속에 원하는 마음을 불러일으키시고, 우리가 일하나 하나님께서 우리를 통해서 일하십니다."

하나님께서 우리 속에서 역사하심

　로마서 8:28-29에서는 모든 하나님의 자녀들이 하나님의 아들 예수 그리스도의 형상을 본받는 것이 하나님께서 정하신 목표라고 말씀합니다. 하나님께서 우리 삶 가운데로 이끌어 오시는 "모든 것"이 우리가 "그 아들의 형상을 본받는" 이 목표에 도달하는 데 도움을 주시기 위함입니다. 우리를 위해 마련하신 하나님의 계획을 성취하시기 위해 우리로 어떤 것을 겪게 할까를 결정하시는 것은 하나님의 고유한 권한입니다.

　하나님께서 우리 삶 가운데서 허락하시는 것들이 더러 어려워 보일 때도 있으나 결과는 우리에게 유익합니다. 미국 해군에 들어간 후 처음 3개월 동안에 겪은 신병 훈련소 생활이 생각납니다. 우리 중대는 120명으로 편성되어 있었는데, 모두 사회에서 곧바로 들어온 풋내기들이었습니다. 많은 이들이 고등학교를 졸업하자마자 입대한 처지였습니다. 꼭두새벽인 5시 30분에 막사에 설치되어 있는 스피커를 통해 흘러나오는 시끄러운 기상나팔 소리로 잠을 깨우는 것은 거칠기 짝이 없는 방법이었습니다. 그것도 부족했던지, 상사가 큰 소리로 "기상! 모두 침낭 밖으로!"라고 외치며 다녔습니다. 세수하고, 면도하고, 옷 입고, 지정된 장소에 집합하여 점호를 취하고, 급식을 받기 위해 행진해 가는 데 15분밖에 주어져 있지 않았습니다.

　우리는 이러한 틀에 박힌 듯한 과정과, 이와 비슷하게 우리를 녹초로 만드는 기타 여러 과정에 익숙해졌습니다. 미 해군은 오합지졸의 신병들을 민첩하고 훈련된 해군 병사로 변화시켰습니다. 이와 유사하게, 하나님께서도 우리가 하나님의 백성이 되는 순간부터, 우리를 예수님의 형상으로 빚어 가기 시작하십니다. 더러 고된 훈련이 있기도 하지만, 즐거운 추억거리가 더 많습니다. 우리를 향한 하나님의 목표는 우리가 하나님의 아들의 형상을 본받는 것임을 잊지 마십시오. 하나님께서 그 아들 예수님에 대해 어떻게 느끼시는지를 상기해 보면 도움이 됩니다. 예수님께서 세례를 받으실 때 하늘에서 어떤 말씀이 들려왔는지 생각해 보십시오. "너는 내 사랑하는 아들이라. 내가 너를 기뻐하노라"(마가복음 1:11). 하늘에 계신 우리 아버지께서는 당신과 나에게도 이와 같이 말씀하십니다.

우리 속에서 선한 일을 시작하신 하나님께서 그리스도 예수의 날까지 이루실 것이므로 안심하십시오(빌립보서 1:6). 우리가 거듭나는 순간 하나님께서는 그 선한 일을 시작하셨으며, 우리가 얼굴과 얼굴을 대하여 주님을 뵙게 될 때 그 일을 완성하실 것입니다. 요한일서 3:2은 그 사실을 아주 잘 묘사했습니다.

> 사랑하는 자들아, 우리가 지금은 하나님의 자녀라. 장래에 어떻게 될 것은 아직 나타나지 아니하였으나 그가 나타내심이 되면 우리가 그와 같을 줄을 아는 것은 그의 계신 그대로 볼 것을 인함이니.

하나님을 기쁘시게 해 드리기 위해 노력함

이처럼 하나님께서는 우리를 향한 하나님의 목표를 이루시기 위해 우리 속에서 역사하십니다. 우리 속에서 역사하시는 것은 "자기의 기쁘신 뜻"을 위함인 것임을 주목하십시오(빌립보서 2:13). 우리가 그리스도의 형상이라는 목표를 향해 자라 갈 때 하나님께서는 기뻐하십니다. 마땅히 그렇게 되어야 합니다. 하나님께서는 우리를 창조하시고 택하신 이유를 다음과 같이 말씀하셨습니다. "이 백성은 내가 나를 위하여 지었나니 나의 찬송을 부르게 하려 함이니라"(이사야 43:21).

우리는 우리 삶이 하나님께 찬송이 되도록 하기 위해 꾸준히 훈련해 나가야 합니다. 하나님께서는 마음속에 명확한 목표를 간직하시고 이에 따라 우리 속에서 역사하십니다. 그 목표는 하나님의 아들 예수 그리스도를 닮는 것입니다. 그러므로 우리도 같은 목표를 가지고 같은 방향으로 노력해야 합니다. 하나님께서 그 목표를 향해 우리 속에서 역사하시듯, 우리도 우리 앞에 있는 동일한 목표를 향해 노력하며 자신을 훈련하여야 합니다. 그렇다고 우리 노력에 의해 성화가 되는 것으로 생각해서는 안 됩니다. 단지 우리는 우리 속에서 역사하시는 하나님과 함께 동역하는 것입니다. 그것은 또한 우리 속에서 역사하시는 하나님의 능력에 완전히 의존하는 가운데 우리가 노력해야 한다는 것을 의미하기도 합니다.

도움이 되는 이야기가 있습니다. 한 어린 소년이 아주 무거운 돌을 옮기려고 애를 썼지만 꿈쩍도 하지 않았습니다. 헛수고만 하고 있는 아들을 지켜보고 있던 아버지가 마침내 입을 열었습니다. "애야, 넌 너의 모든 자원을 다 사용하고 있다고 생각하니?" "네, 아버지" 하고 소년이 대답했습니다. 그러자 아버지는 "아니야. 난 그렇게 생각지 않아. 넌 내게 도와 달라고 하지 않았거든" 하고 말했습니다.

이것이 동역의 좋은 예입니다. 하나님께서는 우리를 원하시는 목표로 이끄시기 위해 우리 안에서, 그리고 우리 삶에서 역사하십니다. 우리는 바로 그 목표에 한마음이 되어 그분과 동역해야 합니다. 우리가 그런 노력을 하기로 결단을 하고, 우리가 가진 모든 것을 이를 위해 투자하는 때라도, 우리 속에서 참된 변화는 오직 성령에 의해서만 일어납니다.

실제로 어떻게 이러한 과정이 이루어집니까? 가령 오랫동안 몸에 밴 어떤 나쁜 태도를 고치려고 한다고 합시다. 먼저 우리는 이 태도를 고칠 수 있게 해 달라고 주님께 기도합니다. 그러나 거기서 멈추지 않습니다. 우리는 그 문제에 관한 성경공부도 하며, 성경 구절을 묵상하기 위해 노력해야 합니다. 또한 우리의 생각이 곁길로 벗어나면 그것을 돌이키기 위해 여러 가지 방법을 동원해야 합니다. 그리고 이러한 태도가 말과 행동으로 표현되는지 점검해 달라고 친구에게 부탁하는 것도 도움이 됩니다.

이 모든 방법은 다 좋습니다. 그러나 우리가 하나님을 온전히 의뢰하지 않는다면 승리를 맛볼 수 없습니다. 그러므로 우리는 최선을 다해 노력하는 한편, 우리를 그리스도의 형상으로 변화시켜 주시도록 하나님께 온전히 의뢰하는 마음으로 지속적으로 기도해야 합니다. 우리를 변화시키시는 분은 하나님이십니다! 하나님께서 반드시 이루실 것입니다!

8
함께해 주심

"나를 낙담시키는 것은 거창한 결정이 아니라 일상의 세세한 삶입니다"라고 말한 사람이 있습니다. 이 사람이 삶에서 처한 곤경을 별스럽게 한탄하고 있는 것은 아닙니다. 그는 실상을 똑바로 파악하고 있습니다. 대부분의 그리스도인들은 현 사회와 동떨어진 어떤 곳이나 산꼭대기에 있는 은신처가 아니라 현실 세계 속에서 매일 신앙생활을 해 나가고 있습니다.

하나님께서는 우리가 날마다 일상 속에서 하나님을 섬기기를 원하십니다. 이를 알고 있던 시편 기자는 "내가 주의 이름을 영원히 찬양하며 매일 나의 서원을 이행하리이다"(시편 61:8)라고 했습니다. 골방에서 조용한 기도 시간에 하나님께 거창한 약속을 하거나 결단을 하는 것과 그것을 '매일' 이행하는 것은 전혀 별개입니다.

그렇습니다. 우리를 낙담시키는 것은 매일의 삶입니다. 거기엔 빡빡한 스케줄, 날마다 해야 하는 고된 일, 수많은 압력과 요구가 있습니다. 게다가 쉴 새 없이 울리는 전화기와 우는 아기도 있습니다. 무엇보다도 거기엔 육신의 연약함, 인간 본성의 무력함이 있으며, 죄와 나쁜 습관과의 싸움이 있는데, 이 모든 것들이 우리로 현실 세계에서 그리스도인다운 삶을 살지 못하게 합니다. 이게 현실입니다. 여기서 싸움이 벌어지고, 승리를 하기도 하고 패배를 하기도 합니다. 여기서 그리스도인들이 훈련된 삶을 살아야 합니다. 그리고 여기가 많은 사람들이 실패를 하며, 어떤 사람들은 아주 쓰라린 패배를 맛보는 곳입니다.

예수님께서는 이러한 갈등에 대해서 알고 계셨습니다. 겟세마네 동산에서 헌신의 기도를 하실 때도 주님께서는 무엇이 닥쳐오고 있는지를 알고 계셨습니다. 먼저, 제자들이 기도로 주님을 도와드리기는커녕 잠만 자는 바람에 주님은 깊은 외로움을 겪으셨습니다(누가복음 22:45-46). 다음에는 유다가 입맞춤으로써 주님을 배신했습니다(22:47-48). 이어서 베드로가 대제사장의 뜰에서 주님을 부인했습니다(22:54-62). 그리고 무리들은 주님을 거짓 고소했습니다(23:2). 그들은 십자가에 못 박힌 예수님을 모욕하기까지 했습니다(23:35-36). 이 모든 일이 닥쳐오고 있음을 알고 계셨으면서도 예수님께서는 아버지께 모든 것을 내맡기셨습니다. 아버지께 내맡기는 삶을 사실 때, 예수님께서는 일생을 통해 날마다 사람들의 온갖 반대와 방해를 자신을 위한 아버지의 뜻으로 받아들이셨습니다.

날마다 맡기는 삶

하나님께서는 우리가 헌신된 가운데 날마다 주님을 따르기를 원하십니다. 예수님께서는 누가복음 9:23의 도전에서 이 점을 분명히 하셨습니다.

> 아무든지 나를 따라오려거든 자기를 부인하고 날마다 제 십자가를 지고 나를 좇을 것이니라.

진리를 아는 것만으로는 충분하지 않습니다. 예수님께서는 자기를 따르는 자들에게 진리를 얼마나 이해하고 있는지를 알아보는 시험에 합격하라고 요구하지 않으셨습니다. 오히려 진리를 날마다 삶에 적용하기를 원하셨습니다. 또한 예수님께서는 사람들의 약속이나 맹세 그 자체에 만족하지 않으셨습니다. 베드로는 예수님을 부인하지 않겠다고 호언장담해 놓고는 나중에 현실에 부닥치자 쓰라린 실패를 했습니다.

진리는 적용해야 하고 약속은 지켜야 합니다. 그리스도인의 삶은 말 그대로 삶입니다. 이 세상에서 날마다 살아가야 하는 진짜 삶입니다.

예수님께서 하신 도전은 분명 소수의 사람들에게만 해당되는 게 아닙니다. "아무든지"라는 말은 이 도전이 모든 사람을 향한 것임을 보여 줍니다. 그것은 모든 그리스도인을 향한 것입니다. 예외인 사람이 없습니다! 예수님께서는 자기를 따르는 자들에게 기본적으로 세 가지를 요청하셨습니다. (1) 자기를 부인하고, (2) '날마다' 제 십자가를 지고, (3) 나(예수님)를 따르라는 것입니다.

자기를 부인한다는 것은 생각으로는 파악하기 쉽지만, 실행하기는 쉽지 않습니다. 그것은 개인적인 쾌락, 욕망, 활동 등 그리스도를 기쁘시게 해 드리는 데 방해가 되는 모든 것을 제쳐 놓거나 거부하는 것을 의미합니다. 개인적으로 누리는 즐거움 가운데 많은 것이 우리에게 선하게 보이거나 어떤 유익을 가져온다고 느낄지도 모릅니다. 그러나 그러한 활동이 마땅히 주님께 가야 할 관심을 빼앗아 가려고 경쟁을 한다든지, 주님께 초점을 맞추지 못하게 한다든지, 주님께서 기뻐하시지 않는 어떤 세계로 우리를 끌어간다든지 하면 그것을 마땅히 부인해야 합니다.

오늘날 자기 부인에 대해 가장 잘 알고 있는 사람은 아마 올림픽 선수일 것입니다. 금빛 찬란한 메달을 목에 걸기 위해 어떤 대가를 치러야 했느냐고 묻는다면 그는 아마 "여러 해 동안의 자기 부인이요!"라고 대답할 것입니다. 그러면서 자기가 좋아하는 음식을 먹지 못했던 일이며, 친구들이 누리고 있는 즐거움과는 담을 쌓아야 했던 일이며, 사교적인 모임에 참석할 수 없었던 일이며, 기타 이와 비슷한 여러 가지 대가에 대해 이야기할 것입니다. "과연 그럴 만한 가치가 있습니까?"라고 물으면, 그는 만족한 표정으로 만면에 미소를 머금고 "아, 그럼요!"라고 대답합니다. 이제 우리 자신에게 물어 보아야 합니다. "우리 주님께서는 금메달보다 덜 헌신해도 될 대상인가?"

치러야 할 대가가 너무 엄청납니까? 주님께서 너무 많은 것을 포기하라고 하십니까? 베드로, 요한, 바울, 그리고 교회사에 등장하는 믿음의 선배들, 또한 현재 그리스도를 충성스럽게 섬기고 있는 수많은 사람들 중 아무에게나 물어 보십시오. 그들은 한결같이 "아닙니다. 오히려 주님께서 나를 위해 너무나 많은 것을 해 주셨습니다. 내가 가진 모든 것이 다 주님께서 주신 것입니다"라고 대답할 것입니다.

자기를 부인하는 것이 꺼려지고 어렵게 보인다면 날마다 자기 십자가를 지는 것도 마찬가지일 것입니다. 아니, 어쩌면 그보다 더할 것입니다. 이것은 아주 많은 것을 요구합니다. 십자가는 사형 도구입니다. 십자가 형벌은 로마인들에 의해 행해지던 잔인하고 고통스런 형벌이었습니다. 예수님 당시에는 십자가를 생각만 해도 등골이 오싹했을 것입니다.

주님께서는 우리가 무엇을 하도록 요구하십니까? 우리가 기꺼이 십자가상의 주님과 동일시하도록 요구하신다고 믿습니다. 우리는 자아에 대해 죽는 것이 그리스도인의 삶의 중요한 측면이라는 것을 알아야 합니다. 하나님께서는 각 사람에 따라 적절한 아픔과 기쁨을 허락하시면서 우리를 그 아들의 형상으로 빚어 가십니다. 이에 따라 육체적인 고통을 당하기도 하고, 사람들로부터 거부를 당하기도 합니다.

　최근에 아내와 나는 동유럽에 사는 그리스도인에 대한 선교 보고서를 읽고 깊은 도전을 받았습니다. 그 보고서는 철의 장막 뒤에 있는 그리스도인들의 비밀 집회에서 어느 그리스도인이 한 간증을 소개하고 있었습니다.

　이반이 말했습니다. "여러 번에 걸쳐 경고를 해 오더니 마침내 어느 날 경찰이 우리 집에 들이닥쳤습니다. 나는 경찰차에 실려 끌려갔고, 아내와 아이들은 다른 차에 실려 갔습니다. 나는 무작정 투옥되었고, 아이들은 날마다 무신론을 가르치는 학교에 보내졌습니다.

　이반의 죄가 무엇입니까? 그는 단지 한 사람의 열심 있는 그리스도인이었을 뿐입니다. 그리스도를 믿고 있다는 게 죄였습니다. 보고서에는 그 뒤에 펼쳐진 일이 요약되어 있었습니다. 이반은 가족들로부터 5년간 격리되었습니다. 그는 낙심했을까요? 천만에요! 보고서는 "이반은 여전히 자녀들에게 주님을 사랑하라고 가르치고 있습니다"라고 전해 줍니다.

　이 정도로 헌신된 그리스도인들에 대한 이야기를 들으면 우리 중에는 부끄러움을 느끼는 사람이 많을 것입니다. 고난은 그들을 하나님으로부터 등을 돌리게도 못했으며, 부당한 대우에 대해 불평을 하게도 하지 못했습니다. 오히려 이를 통해 그들은 그리스도를 향해 이전보다 더 강하고 단호하게 매진하게 되었습니다. 이 사람들이야말로 자기 십자가를 지는 법을 알고 있는 사람들입니다.

예수님께서는 모든 그리스도인에게 자기를 부인하고, 날마다 제 십자가를 지고, 예수님을 따르도록 요청하십니다. 우리는 "어디든지 주님 나를 이끄시면 어디든지 주님과 함께 가려네"라고 찬송을 부르지만 실제로 그렇게 하려면 내맡기는 것이 필요합니다. 그것은 단지 짐을 꾸려서 출발하겠다는 결단만 하면 되는 것은 아니며, 치러야 할 대가를 계산해 보아야 하는 일입니다. 어떤 일이 있더라고 결코 중단하지 않겠다는 결단이 필요합니다. 윈스턴 처칠이 자기 모교에서 했다는 연설이 생각납니다. 그 연설은 처칠의 전형적인 스타일이었는데, 간결하고 힘이 있었습니다. "결코 포기하지 마십시오. 결코 포기하지 마십시오. 결코 포기하지 마십시오. 결코, 결코, 결코, 포기하지 마십시오." 이 말로 그는 연설을 끝냈습니다. 그는 자기의 논지를 완전히 이해시켰습니다. 청중들은 결코 그 말을 잊지 않았을 것입니다.

예수님께서는 부르신 이들에게 이러한 태도를 원하신다는 것을 분명히 하셨습니다. 누가복음 9:62에서 "손에 쟁기를 잡고 뒤를 돌아보는 자는 하나님의 나라에 합당치 아니하니라"라고 도전하셨습니다. 따라서 우리는 "나 결심했네. 주 따르기로… 뒤돌아서지 않겠네"라고 노래하며, 또 날마다 그렇게 살아야 합니다.

언제나 함께하심

　이 모든 것이 두렵고 감당하기 어려운 것처럼 보인다 해도 용기를 내십시오. 우리를 돌봐 주시는 주님께서는 다른 지도자들은 베풀 수 없는 것을 베푸시기 때문입니다. 주님께서는 자기를 따르는 자들을 영적 싸움터로 내보내실 뿐 아니라, 또한 그들과 함께 가시겠다고 약속하십니다. 그래서 우리는 나아가면서 "나 혼자가 아니라네. 나 혼자가 아니라네. 나를 결코 떠나지 않으시며, 혼자 두지 않기로 약속하셨네"라고 노래할 수 있습니다.

　예수님께서는 따르는 자들에게 지상사명을 주실 때, 그들이 세상으로 나아갈 때 함께하시겠다고 약속하셨습니다. "볼지어다. 내가 세상 끝 날까지 너희와 항상 함께 있으리라"(마태복음 28:20). 히브리서에서도 이러한 약속을 다시 한번 기록하고 있습니다. "내가 과연 너희를 버리지 아니하고 과연 너희를 떠나지 아니하리라"(히브리서 13:5).

　하나님께서는 자기 백성들에게 언제나 이러한 약속을 주십니다. 모세가 애굽으로 보내심을 받을 때 그는 두렵고 떨리는 마음으로 갔습니다. 그러나 하나님께서는 "이제 가라. 내가 네 입과 함께 있어서 할 말을 가르치리라"라고 말씀하셨습니다(출애굽기 4:12). 후에 바로의 군사들이 그들의 뒤를 추격해 오고 모세와 이스라엘 백성이 두려움으로 떨며 홍해 바닷가에 서 있을 때, 하나님께서는 그들과 함께 계셨습니다.

모세에게 하신 하나님의 말씀은 격려와 약속을 담고 있었습니다. 그래서 모세는 백성들을 격려하고 힘을 북돋울 수 있었습니다.

> 너희는 두려워 말고 가만히 서서 여호와께서 오늘날 너희를 위하여 행하시는 구원을 보라. 너희가 오늘 본 애굽 사람을 또다시는 영원히 보지 못하리라. 여호와께서 너희를 위하여 싸우시리니 너희는 가만히 있을지니라. (출애굽기 14:13-14)

여호와 하나님께서 그곳에 함께 계셨으며 그들을 위해 싸우실 것이었습니다. 실제로 여호와 하나님께서는 그들을 위해 싸우셨습니다(출애굽기 14:15-31).

하나님께서는 전 시대를 통해 줄곧 자기 백성들과 함께 계셨습니다. 후에 이스라엘 백성들이 사로잡히게 되었을 때도 하나님께서는 함께하시며 힘을 주신다는 약속으로 백성들을 격려하셨습니다.

> 두려워 말라. 내가 너와 함께함이니라. 놀라지 말라. 나는 네 하나님이 됨이니라. 내가 너를 굳세게 하리라. 참으로 너를 도와주리라. 참으로 나의 의로운 오른손으로 너를 붙들리라. (이사야 41:10)

약속을 지키시는 하나님께서는 우리에게 필요할 바로 그

때 우리와 함께하고 계십니다. 저 옛날 전쟁터에서 이스라엘 백성과 함께하셨던 하나님께서는 감옥 속에 있는 동유럽의 그리스도인, 그리고 일상적인 일들과 씨름하고 있는 오늘날의 성도들과도 함께하십니다! 하나님께서는 우리를 버리지 않으십니다. 하나님께서는 언제나 우리 삶의 동반자와 우리의 힘이 되어 주십니다.

내주하시는 동반자

예수님께서는 제자들이 주님을 위해 살면서 주님께서 맡겨 주신 일을 수행하느라 분투해야 할 것을 알고 계셨습니다. 그때까지 3년 동안 제자들은 예수님과 동행하며 예수님의 도움을 받아 온 터였습니다. 예수님께서 승천하시고 나면 그들은 어떻게 해야 합니까? 예수님의 해결책은 성령이었습니다! 요한복음 14:16에서 예수님께서는 "내가 아버지께 구하겠으니 그가 또 다른 보혜사를 너희에게 주사 영원토록 너희와 함께 있게 하시리니"라고 약속하셨습니다.

이어서 나오는 구절들을 보면, 주님께서 성령에 대해 말씀하고 계셨다는 사실을 잘 알 수 있습니다. 예수님께서는 성령을 "또 다른 보혜사"라고 부르셨습니다. 여기서 "또 다른"이라고 번역된 헬라어는 "같은 종류인 또 하나의 것"이라는 의미를 가지고 있습니다. 따라서 성령께서도 하나님이시며 하나님의 속성을 가지고 계십니다.

요한복음 14-16장에 있는 성령에 대한 예수님의 가르침을 훑어보면, 성령께서는 그리스도인의 삶에서 동반자요, 격려자요, 교사요, 안내자요, 조력자라는 것을 잘 알 수 있습니다. 우리에게 오신 성령에 관한 약속 가운데 몇 가지를 살펴보도록 하겠습니다.

성령께서는

1. 우리의 보혜사이십니다(14:16).
2. 우리 속에 영원히 거하십니다(14:16-17).
3. 우리에게 모든 것을 가르치시고, 예수님께서 우리에게 말씀하신 모든 것을 생각나게 해 주십니다(14:26).
4. 우리에게 예수 그리스도를 증거하십니다(15:26).
5. 죄에 대하여 세상을 책망하십니다(16:8).
6. 우리를 진리 가운데로 인도하시며, 장래 일을 알려 주십니다(16:13).
7. 예수 그리스도의 영광을 나타내십니다(16:14).

이중에서 아마도 가장 의미 깊은 것은 첫 번째 약속이라 생각됩니다. 성령께서는 우리의 보혜사이십니다. 요한복음 14:16에 나오는 이 단어의 헬라어는 문자적으로 '도움을 베풀기 위해 곁으로 부름을 받은 자'란 의미입니다. 성경에서는 '위로자', '중보자', '돕는 자', '상담자', '탄원자' 등의 의미로 사용되고 있습니다. 방송 설교가인 시어도어 에프는 성령께서는 우리 편에 계셔서 필요할 때마다 돕고 위로하신다고 했습니다. 또한 "성령께서는 우리의 옹호자라는 것을 나타내기 위해서도 이 단어가 사용됩니다. 성령께서는 완전히 우리의 이익에 동일시하시며, 우리의 영적 복지를 완전히 떠맡으십니다"라고 말했습니다.

모든 그리스도인들은, 내주하시고 격려하시고 힘을 주시는 하나님이신 성령을 모시고 있습니다(로마서 8:9). 우리가 혼자 있다거나 우리 자신의 힘만으로 싸우고 있다고 생각할 이유가 없습니다. 고린도후서의 마지막에 있는 구절이 이를 잘 보여 줍니다. "주 예수 그리스도의 은혜와 하나님의 사랑과 성령의 교통하심이 너희 무리와 함께 있을지어다"(고린도후서 13:13). 이 구절은 삼위일체 하나님께서 우리 속에서 역사하고 계시다는 사실을 분명히 나타내고 있습니다. 우리에게 무엇이 더 필요하겠습니까?

행복감과 평안을 느껴야 성령의 임재에 대해 만족하는 그리스도인들이 많이 있습니다. 그러한 그리스도인들은 불확실성과 더불어 살아갑니다. 그들은 갈등과 시험의 때를 만나면 의기소침해지며, 성령께서 자신과 함께하고 있지 않다고 느낍니다. 이런 사람들의 삶은 변화하는 환경이나 심지어 육체적, 감정적 건강 상태에 따라 기복이 심합니다. 성경학자인 르네 파슈는 성령의 인격과 사역을 다른 책에서 하나님을 신뢰하라고 도전하면서, 앞서 말한 그런 사람들의 어리석음에 대해 지적했습니다. "그러므로 우리는 단지 성경에서 그렇게 말하고 있기 때문에 성령께서 하나님의 자녀인 우리 속에 거하신다는 사실을 믿어야 합니다"라고 그는 말합니다.

그는 또한 우리 삶 가운데 있는 죄가 원인일 수도 있다고 깨우쳐 줍니다. "애석하게도 대부분의 경우에 자백하지 않은 죄가 하나님과 그들의 친교를 방해하고 있어 성령의 임재를 의식하지 못하고 있습니다. 그럼에도 불구하고 성령께서는 그들 속에 계시지만, 슬퍼하시며 또한 성령의 능력을 나타내지 못하도록 방해받고 계십니다." 우리가 이런 상태에 있다면 속히 기도로 하나님께 나아가 이를 방해하는 죄를 자백해야 합니다. 그러면 하나님께서는 우리를 용서해 주시며 깨끗케 해 주시고, 구원의 즐거움을 회복시켜 주실 것입니다(요한일서 1:9, 시편 51:1-2,12).

매일의 삶

우리 속에 계신 성령의 역할 가운데 하나는 기도 생활에서 우리를 도와주시는 것입니다(로마서 8:26-27). 매일 하나님과 갖는 이러한 친교는 실제 삶 속에서 하나님의 임재를 알고 의식하고 누리는 데 필수적입니다. 빠른 속도로 정신없이 바쁘게 돌아가는 현대인의 삶에서 하나님과 더불어 고요하고도 힘을 북돋아 주는 교제를 나누기 위한 시간을 내기 위해서는 속도를 늦출 필요가 있습니다. 우주비행사인 마이클 콜린스는 어떻게 우주 공간에서 그 어려운 도킹을 성공적으로 해 낼 수 있었느냐는 질문을 받고 핵심은 '속도를 늦추는' 것이라고 했습니다. 기자가 의아한 표정을 짓자, 그는 속도를 높이게 되면 비행 궤도가 달라져 상대 비행체에 다가가 접속을 하지 못하게 된다고 힘주어 말했습니다. 그는 수많은 연습을 통해 속도를 늦추는 법을 익혀야 했습니다.

이는 오늘을 사는 우리가 마음에 새겨야 할 교훈입니다. 우리는 이 세상과 보조를 맞추려면 속도를 내야 한다는 말을 줄곧 듣습니다. 그러나 하나님과 만나 '접속'할 시간을 내기 위해서는 속도를 늦추는 법을 배워야 합니다.

하나님과의 교제에는 어떤 것이 포함되어야 합니까? 기본적으로 하나님의 말씀을 규칙적으로 읽어 나가며 기도로 하나님께 아뢰는 시간을 가져야 합니다. 그러나 우리의 기본적인 동기는 성경으로부터 지식을 얻는 것도, 기도에 응답을 받는 것도 아니어야 합니다. 그것은 하나님과 함께 있고자 하는 것이어야 합니다. 이러한 시간을 통해 우리는 하나님을 영화롭게 하며, 또한 하나님을 알아 가는 즐거움을 누리게 됩니다. 다시 말해 하나님의 임재를 즐길 수 있게 되는 것입니다. 이는 하나님과 동행하는 데 있어서 필수적인 부분입니다.

하나님과의 이러한 관계를 다음과 같이 적절히 묘사한 사람이 있습니다. "그리스도인의 삶이란 우리와 항상 함께하시는 구주 예수님과 우리 영혼이 함께 엮어 가는 은밀한 사랑의 이야기입니다." 에이든 토저는 이러한 사랑의 결속으로 말미암은 유익을 다음과 같이 묘사했습니다. "우리가 하나님께 초점을 맞추어 감에 따라, 성령의 역사하심을 점점 분명하게 느끼게 됩니다.… 하나님께서 임재하고 계시다는 생각이 새롭게 우리를 사로잡게 되며, 우리는 우리의 생명과 모든 것이 되시는 하나님을 경험하고, 그 음성을 들으며 하나님이 어떤 분이신지를 맛보아 알게 됩니다."

하나님께서는 무리한 계획으로 우리를 도전하시는 것도 아니며, 도저히 도달할 수 없는 예수님의 삶을 우리의 표준으로 제시하여 우리를 부끄럽게 하시는 것이 아니라는 사실을 알아야 합니다. 기뻐하십시오. 힘을 얻으십시오. 하나님께서 늘 우리와 함께하셔서 우리를 이끌어 하나님의 계획을 이루기 원하시며, 그 아들의 형상을 따라 우리를 빚어 가기를 원하시기 때문입니다. 이 책을 계속 읽어 나가면서 우리를 돌보시는 하나님 아버지께서 당신을 위해 어떻게 이 일을 행하실 것인지 살펴보도록 하십시오.

제 3 부

우리의 반응

9
하나님의 사랑을 신뢰함

하나님의 사랑을 어떻게 이해할 수 있겠습니까? 나는 그 사랑이 어떤 것인지 이해하는 데에 어려움을 느낍니다. 하물며 하나님께서 나를 사랑하시는 이유와 목적을 파악한다는 것은 도저히 불가능하게 느껴집니다.

그럼에도 성경은 하나님은 사랑이시라고 말해 줍니다(요한일서 4:8). 이 말이 하나님의 모든 것을 나타내는 것은 아닙니다. 다만 에이든 토저의 말처럼 "하나님은 사랑이시다라는 말은 사랑이 하나님의 본질적인 속성임을 의미합니다." 사랑은 하나님의 성품의 한 측면으로서, 하나님이 어떤 분이시며 어떻게 행동하시는지를 말해 줍니다. 타락한 우리 인간들과는 달리, 하나님께서는 언제나 하나님답게 행동하십니다. 언제나 하나님의 백성들을 향해 사랑을 나타내시며, 끊임없이 하나님께 속한 사람들에게 사랑의 선물을 주시고 인자를 베푸십니다.

토저는 또한 하나님의 사랑과 하나님의 뜻 사이에 어떤 관계가 있는지를 보여 줍니다. 이는 하나님께서는 자기의 사랑하시는 자들에게 뜻하시는 바와 연관이 있습니다. 사랑하시는 자들을 위해 하나님께서는 언제나 가장 선한 것을 이루기 원하신다는 것입니다. 토저는 "사랑은 모든 사람의 선을 바라며, 아무에게도 결코 해나 악을 바라지 않습니다"라고 말했습니다. 이러한 사랑의 하나님께 자신을 의탁하는 것은 잘하는 일입니다. 제임스 패커는 "하나님의 사랑을 깨달으면 이 땅에서도 천국을 맛보며 누리게 됩니다"라고 말했습니다. 하나님의 사랑은 그리스도를 아는 사람이면 누구나 알 수 있습니다. 그들 속에 하나님의 성령이 거하고 계시기 때문입니다.

로마서 5:5에서는 이 사실을 들어 우리를 격려합니다. "우리에게 주신 성령으로 말미암아 하나님의 사랑이 우리 마음에 부은 바" 되었기 때문에 우리는 시련 중에서도 소망으로 말미암아 견고히 서 있을 수 있습니다. 여기서의 초점은 다른 사람이나 하나님을 향한 우리의 사랑이 아니라, 우리를 향한 하나님의 사랑입니다. 성령께서 하나님이 얼마나 나를 사랑하시는지에 대해 계속 내 마음속에 속삭여 주시기 때문에 나는 인생의 고된 경험 가운데서도 견뎌 나갈 수 있습니다. 계속해서 이 사랑에 대한 확실한 증거가 바로 당신과 나와 같은 소망 없고 경건치 못한 죄인들을 위해 예수 그리스도께서 죽으신 것이라고 말씀합니다(로마서 5:6). 하나님께서는 우리 스스로가 우리 삶을 정결케 하고 하나님을 사랑하기를 기다리지 않으셨습니다. 하나님께서 먼저 주도권을 잡으셨습니다.

하나님께서는 우리가 사랑받을 만한 자격이 없을 때 그리스도 안에서 우리를 사랑하셨습니다. "우리가 아직 죄인 되었을 때에 그리스도께서 우리를 위하여 죽으심으로 하나님께서 우리에게 대한 자기의 사랑을 확증하셨느니라"(로마서 5:8). 우리가 하나님께 전혀 용납될 수 없었을 때부터 하나님께서는 우리를 사랑하셨다는 사실을 생각하고 힘을 얻어야 합니다. 사실 하나님께서는 우리를 너무나 사랑하셨기 때문에 그리스도 안에서 우리가 용납될 수 있게 하셨습니다. 인생길을 가는 동안 또 하나의 사실로 인해 우리 가슴은 하나님을 향한 사랑으로 부풀게 됩니다. 그것은 바로 우리가 하나님의 기대를 저버릴 때도 하나님께서는 우리를 사랑하신다는 사실입니다.

하나님께서는 우리의 모든 약점을 너무나 잘 알고 계십니다. 하지만 성경에 따르면 하나님께서는 우리의 최고의 아버지이시므로 우리는 하나님 아버지의 긍휼하심에 의지할 수 있습니다. 시편 기자는 이를 잘 이해하고 있었습니다.

> 아비가 자식을 불쌍히 여김같이 여호와께서 자기를 경외하는 자를 불쌍히 여기시나니 이는 저가 우리의 체질을 아시며 우리가 진토임을 기억하심이로다. (시편 103:13-14)

이 말씀은 하나님께서는 우리가 죄를 범해도 개의치 않으신다거나 우리가 연약하다고 예외로 해 주신다는 뜻이 아닙니다. 그러나 하나님께서는 우리의 모든 약점을 알고 계시며, 이 모든 영역에서 우리를 강하게 해 주시고자 하십니다. 또한 하나님께서는 넘어진 우리에게 긍휼을 베푸셔서 부드러운 손길로 일으켜 주십니다. 하나님께서는 제 마음대로 사는 이스라엘 백성들에게 거듭해서 그렇게 하셨습니다. 하나님께서는 친히 말씀하시기를 "이스라엘의 어렸을 때에 내가 사랑하였다"라고 하셨습니다(호세아 11:1). 이어서 하나님께서는 그 작은 민족이 얼마나 반항적이었는지를 말씀하셨습니다.

> 선지자들이 저희를 부를수록 저희가 점점 멀리하고 바알들에게 제사하며 아로새긴 우상 앞에서 분향하였느니라. (호세아 11:2)

논리상으로 보면 거룩하신 하나님께서는 그러한 백성들을 즉시 멸하실 것 같습니다. 하지만 하나님의 긍휼이 더욱 크시다는 사실을 알 수 있습니다.

> 그러나 내가 에브라임에게 걸음을 가르치고 내 팔로 안을지라도 내가 저희를 고치는 줄을 저희가 알지 못하였도다. 내가 사람의 줄 곧 사랑의 줄로 저희를 이끌었고 저희에게 대하여 그 목에서 멍에를 벗기는 자같이 되었으며 저희 앞에 먹을 것을 두었었노라. (호세아 11:3-4)

하나님께서는 사랑하는 자녀들을 기뻐하십니다. 그리고 계속해서 이스라엘 백성들에게 큰 유익을 안겨 주고자 하셨습니다. 이것이 모든 자녀들을 향한 하나님 아버지의 긍휼입니다. 조금만 자기 생각과 달라도 자기가 사랑받지 못하고 있다고 푸념하는 어린아이처럼 되지 않아야 합니다. 앞에서 인용한 말씀들은 우리를 향한 하나님의 꾸준하고도 변함없는 사랑을 상기시켜 줌으로써 그렇게 되지 않게 합니다.

그러나 위로하고, 북돋우고, 사랑을 다시 확인시켜 주는 것만이 사랑은 아닙니다. 사랑에는 강하고 엄한 측면도 있습니다. 하나님께서는 사랑에는 마땅히 엄한 면도 있어야 한다는 사실을 오래전부터 알고 계십니다. 사랑에 이러한 엄한 면이 없으면 부모는 자녀의 그릇된 요구에도 응하게 되고, 자녀는 계속해서 지나친 것을 요구하다가 결국엔 나쁜 길로 빠지게 됩니다.

이 '엄한 사랑' 때문에 어미 독수리는 새끼 독수리를 둥지에서 억지로 이끌어 내어 높은 절벽 위에 두고 새끼가 나는 법을 배우도록 하는 것입니다. 부드럽게만 대하는 것은 새끼들에게 해를 끼치는 것입니다. 하나님의 사랑에도 이러한 엄한 측면이 있는데, 이러한 사랑은 어떤 목적이 있으며 강하고 단호하게 나타납니다. 하나님께서 엄한 얼굴을 보이실 때라도 여전히 따스하고 부드러운 긍휼의 마음을 지니고 계십니다. 하나님께서는 우리를 너무나 사랑하시기 때문에 우리의 유익을 위해서 어떤 연단을 하시는 것입니다. 이것이 히브리서에는 우리를 사랑하시는 하나님의 역할 가운데 하나로 묘사되고 있습니다. 여기서는 잠언 3장 말씀을 인용하고 있습니다.

> 또 아들들에게 권하는 것같이 너희에게 권면하신 말씀을 잊었도다. 일렀으되 "내 아들아, 주의 징계하심을 경히 여기지 말며 그에게 꾸지람을 받을 때에 낙심하지 말라. 주께서 그 사랑하시는 자를 징계하시고 그의 받으시는 아들마다 채찍질하심이니라" 하였으니. (히브리서 12:5-6)

이렇게 하나님께서는 우리를 성숙시키려고 우리 삶 가운데서 역사하십니다. 성숙해 가는 것은 하나님을 기쁘시게 해 드리며 우리에게도 즐거움이 됩니다. 하나님의 행동이 때로 '엄해' 보이지만 하나님께서는 언제나 사랑으로 모든 것을 행하십니다.

'엄한 사랑'의 목적은 무엇입니까? 정련 과정으로 생각하십시오. "인내하라. 왕관은 도가니에서 빚어진다!"라는 말을 깊이 생각해 보십시오. 도가니는 쇠붙이를 고온으로 가열하여 녹이는 데 사용됩니다. 그러므로 우리는 연단이라는 도가니 속에서 고통과 곤란을 겪게 될 것이지만, 이를 통해 하나님께서는 우리를 하나님께서 원하시는 모습으로 빚어 가신다는 사실을 알 수 있습니다. 도가니는 또한 엄하고도 강한 시험 과정을 나타낸다고 볼 수 있습니다. 하나님의 엄한 사랑은 하나님의 백성들을 시험하시고 주님의 형상으로 빚어 가시기 위한 것입니다.

  우리는 도가니의 경험을 사랑의 하나님의 손으로부터 온 것으로 받아들일 수도 있고, 아무 선한 목적도 없이 다만 운이 나빠 겪는 것이라고 불평할 수도 있습니다. 그것이 하나님의 사랑의 손으로부터 온 것이라는 사실을 의심한다면, 이는 대단히 고통스러운 길로 들어서는 셈입니다. 그 길에는 심각한 위험이 도사리고 있습니다.

  가장 우려해야 할 위험은 아마도 하나님을 향해 우리 마음이 점차 냉담해지는 것입니다. 이는 하나님 아버지의 엄한 사랑을 잘못 해석한 결과입니다. 우리는 그것이 사랑이 아니며 오히려 징벌이라고 여깁니다. 하나님께서 우리 삶 가운데 있는 어떤 죄 때문에 진노하셔서 우리를 혼내시는 것으로 추측하는 것입니다. 그래서 불평하기 시작합니다. 다른 사람들을 원망하며 어쩌면 하나님까지도 원망할 것입니다.

  40년 전에 자녀를 잃은 한 부부를 알고 있습니다. 내가 만났을 때 그들은 그리스도인이라고 말은 하는데, 받은 인상은 차갑기만 했습니다. 오랜 세월 동안 그들은 영적인 삶에 열심이 없었습니다. 그들과 다른 가족들과의 관계는 회복할 수 없을 정도로 깨어져 있었습니다. 그들은 하나님께서 그들의 자녀를 데려가신 것을 용납하지 못하고 또 그 일에 감추어져 있는 선한 목적도 알지 못한 채 분노와 쓴 뿌리를 품고 그 긴 세월을 살아오고 있었습니다. 그들은 한 번도 그 슬픈 일 속에 하나님의 선한 목적이 있을 것이라는 점을 이해하려 든 적이

하나님의 사랑을 신뢰함　139

없었습니다. 결과는 무엇이겠습니까? 하나님과의 교제 단절이었습니다. 그들의 쓴 뿌리는 하도 깊어서 그들을 하나님께로 돌이키도록 도와줄 수가 없었습니다.

'도가니'의 경험을 할 때 하나님의 사랑의 손길을 이해하기를 거절하면 빠지게 되는 또 하나의 위험한 함정은 인간관계의 붕괴입니다. 일이 잘못되어 가면, 우리는 주위 사람들의 탓으로 돌리며 그들을 비난하는 경향이 있습니다. 때로 우리는 가장 가깝고 우리를 사랑하는 사람들에게 대들기도 합니다. 우리는 스스로의 곤경에 대해 책임을 지기 싫어하기 때문에 그것이 다른 사람들 때문이라며 그들을 비난하기 쉽습니다.

이처럼 하나님의 도가니에 반항하면 수평적인 관계들이 단절됩니다. 이는 수직적인 관계에서의 실패 때문입니다. 우리가 하나님의 사랑을 의심하고 있으면 가장 중요하고 가까운 사람들과의 관계가 손상됩니다. 그 결과 가정이 산산조각이 납니다. 우정이 깨어집니다. 그리고 원만하던 관계에 긴장이 감돌게 됩니다. 온 세상이 왜 우리로부터 멀어져 가고 있는지 의아하게만 생각됩니다. 주된 이유 중의 하나는 우리가 하나님 아버지의 사랑을 신뢰하지 않고 있다는 것입니다.

우리가 하나님의 도가니에 저항함으로써 겪게 되는 또 하나의 문제는 하나님의 시간표를 방해하는 것입니다. 이스라엘 백성의 경우를 다시 살펴봅시다. 하나님께서 그들을 가데스바네아로 이끌었을 때의 일을 기억하십니까? 그곳은 '젖과 꿀이 흐르는 땅'인 가나안의 남쪽 끝에 자리 잡고 있었습니다. 하나님께서는 그들을 애굽에서 해방하실 때 가나안 땅에 들어가게 해 주시겠다고 약속하셨습니다. 가데스는 그 약속된 땅으로 들어가는 가장 가까운 입구였습니다.

그러나 이스라엘 백성들은 하나님께서 허락하신 기회를 놓치고 말았습니다. 그 땅에서 거인들을 보았기 때문입니다. 도가니는 너무 뜨거워 보였습니다. 백성들은 '울고' 또 '원망' 했습니다(민수기 14:1-2). 그들은 하나님께서 약속을 지키시지 못한다고 비난했습니다. 뻔뻔스럽게도 그들은 "어찌하여 여호와가 우리를 그 땅으로 인도하여 칼에 망하게 하려 하는고? 우리 처자가 사로잡히리니 애굽으로 돌아가는 것이 낫지 아니하랴?"(3절)라고 하기까지 했습니다.

이렇게 그들은 하나님의 계획을 거부하고 하나님의 사랑을 의심했습니다. 이러한 겁 많고 하나님을 불신하는 생각은 약속의 땅을 정탐하러 갔다 온 열두 명 가운데 대다수의 보고에 근거한 것이었습니다. 오직 두 사람 즉 여호수아와 갈렙만이 하나님을 믿었습니다(6-9절). 그 결과는 무엇이었습니까? 백성들은 40년을 허송세월했고, 대부분은 광야에서 죽었습니다. 하나님을 신뢰했던 두 정탐꾼은 다음 세대와 함께 약속의 땅으로 들어갈 수 있었습니다.

많은 그리스도인들이 자기가 겪고 있는 도가니 경험을 거부합니다. 이로 인해 그들은 이스라엘 백성들처럼 하나님의 시간표대로 계획이 진행되지 못하도록 방해합니다. 그 결과 시간을 허비하고, 쓸데없이 쓰라린 경험을 하게 됩니다. 이

교훈을 명심해야 합니다. 흔히 우리는 하나님께서 엄한 사랑 가운데 하신 일을 하나님의 거부로 잘못 해석해 왔기 때문입니다. 하나님께서 우리에게 화가 나 계시며 우리를 사랑하지 않으신다고 생각하게 되면, 하나님께서 우리를 위해 예비해 두신 축복을 놓치고 맙니다.

그렇다면 우리는 어떻게 해야 할까요? 하나님의 엄한 사랑의 행동이 우리가 감당할 수 없는 정도입니까? 때로 도가니가 너무 뜨겁습니까? 그러한 시련 가운데서도 우리가 하나님의 사랑을 깨닫기를 기대하시는 하나님은 부당하십니까? 이 모든 질문에 대한 대답은 하나같이 다 "아니요!"입니다. 먼저 하나님께서는 우리가 감당할 수 없는 시험은 허락지 않으신다고 말씀하셨습니다(고린도전서 10:13). 또한 모든 시대를 통하여 충성스런 성도들과 순교자들은 모두 하나님의 사랑은 한이 없다고 한목소리로 대답할 것입니다. 아무리 시험의 불꽃이 뜨겁더라도, 아무리 마음이 아프더라도, 우리는 하나님께서 우리를 돌보고 계신다는 사실을 계속 확신해야 합니다. 어떤 찬송가 작가는 다음과 같이 물었습니다.

> 내 마음이 너무나 고통스러워
> 웃거나 노래할 수가 없고,
> 짐에 눌리고 염려로 괴로우며,
> 행로가 점점 지치고 길게만 느껴질 때,
> 예수님은 나를 돌보고 계시는가?

이 세상에서 가장 사랑하는 이에게
작별을 고하고 나니
가슴이 찢어질 듯 아프며,
'과연 그래야만 하셨을까? 정말 알고 계실까?'
하고 생각될 때,
예수님은 나를 돌보고 계시는가?

이 모든 것이 삶에서 부닥치는 현실입니다. 이러한 삶의 현실에 대처하려면 진정한 사랑, 곧 하나님의 사랑이 필요합니다. 이 찬송시의 후렴부는 그리스도의 사랑을 신뢰하는 영혼의 응답입니다. 이것은 진정으로 내맡기는 삶을 나타내고 있습니다.

그렇다네. 예수님은 돌보신다네.
나는 아네,
예수님은 나를 돌보시고
나의 슬픔을 마음 아파하심을.
나는 아네,
하루하루가 진저리가 나고
기나긴 밤이 괴롭기만 할 때도
구주 예수님께서 나를 돌보심을.

한 자매님이 남편과 함께 선교지로 나갔다가 선교지에서

젊은 나이에 남편을 잃었습니다. 참으로 마음이 찢어지는 고통이었는데, 나중에 다음과 같이 썼습니다.

남편이 암으로 죽어갈 때 저를 붙들어 준 말씀은 예레미야 29:11이었습니다. "나 여호와가 말하노라. 너희를 향한 나의 생각은 내가 아나니 재앙이 아니라 곧 평안이요 너희 장래에 소망을 주려하는 생각이라." 저와 두 어린 아이를 남겨 두고 서른두 살의 남편을 본향으로 데리고 가시는 것, 이것이 장래의 소망과 무슨 관계가 있었을까요? 저로선 도무지 이해가 가지 않았습니다.

대부분의 사람들에게도 이해가 가지 않습니다. 그러나 그 간증을 마저 들어 보십시오.

그러나 저는 "하나님, 하나님께서는 결코 저에게 거짓말을 하신 적이 없으십니다. 하나님께서는 저를 돌보고 계심을 지금까지 거듭해서 보여 주셨습니다. 그러니 감사드립니다. 하나님의 계획은 재앙이 아니라 평안을 위한 것이며, 저의 장래에 소망을 주시려는 것입니다"라고 말씀드릴 수 있었기 때문에, 굳이 이해해야 할 필요가 없었습니다.

이 간증을 통해서도 알 수 있듯이 하나님께서 우리를 이끄시는 길을 언제나 이해할 수 있는 것은 아닙니다. 그렇습니다. 그것은 고되고 힘들어 보일 것입니다. 그러나 고통스런 경험을 하고 있을 때라도 우리는 하나님의 사랑을 신뢰할 수 있습니다. 이런 식으로 하나님께 내맡긴다는 것이 힘들고 때로는 불가능해 보이기도 하겠지만, 그렇게 하는 것이, 다음 장에서 알 수 있는 바와 같이, 우리를 온전케 하시는 하나님의 사랑을 신뢰하고 받아들이는 것이 됩니다.

10
하나님의 인도를 따름

오래전 일입니다. 하나님께서는 우리 부부에게 전임 사역자로 섬길 마음을 주셨습니다. 우리는 주님께서 가장 선한 길로 인도해 주시도록 기도하기 시작했습니다. 우리를 구원해 주신 주님을 섬기는 것은 당연하였기에 주님께서 우리의 길을 인도하여 주시리라 확신했습니다. 마침내 주님께서는 세계적인 한 선교 기관에서 주님을 섬기도록 인도해 주셨습니다. 우리 부부는 그 사역에 참여하면서 그 일에 더욱 매력을 느끼게 되었고, 그곳의 리더십들과 형제 자매들을 더욱더 사랑하게 되었습니다.

우리는 주님께서 세계 어느 곳으로 보내더라도 기꺼이 가서 주님을 섬길 준비가 되어 있었습니다. 주님께서는 마침내 영국으로 인도해 주셨습니다. 우리는 기쁨으로 응했습니다. 바로 영국으로 이사를 했고 선교 사역을 시작했습니다. 우리는 하나님의 뜻 가운데 있다는 사실에 만족감을 느꼈습니다. 그 이후 우리는 계속 삶에서 하나님의 인도하심을 체험해 왔으며, 지금도 여전히 하나님께서는 우리의 길을 인도해 주고 계십니다.

복음주의적 저술가인 맥스웰 코우더는 이렇게 말한 적이 있습니다. "이 세상은 하나님께서 계획하신 삶에 대해 아무것도 모릅니다. 그리고 어떤 이유로 인해 많은 그리스도인들도 성경의 얼마나 많은 부분이 이 주제에 할애되고 있는지 알지 못합니다." 하나님께서 계획하신 삶! 멋있는 생각입니다. 하지만 참으로 성경이 이를 가르치고 있습니까? 많은 사람들은 아니라고 대답합니다. 그들은 자기 삶의 건축자는 자기 자신이라고 주장합니다. 시인인 윌리엄 헨리가 썼듯이, "내가 내 영혼의 선장이다"라고 생각하는 것입니다. 자기가 자신의 삶을 완전히 지배하고 있다고 굳게 믿고 있는 사람들이 있다는 것은 놀랍지 않습니까? 어떤 사람들은 하나님께서 우리 삶에 개입하신다거나 우리 삶을 판단하신다는 생각 자체를 거부합니다. 피너츠라는 만화에 나오는 루시가 바로 그런 태도를 지니고 있습니다. 만화에서 루시는 찰리 브라운과 영적인 문제에 대해 심각한 이야기를 나누고 있습니다.

찰리: 내가 궁금한 게 뭔지 아니? 때로 난 하나님께서 날 기뻐하시는지 의심이 생긴단 말이야.
(루시는 말이 없다.)

찰리: 넌 하나님께서 널 기뻐하시는지 한 번도 의심해 본 적이 없니?

루시: (자만스런 미소를 띠며) 하나님께서는 날 기뻐하셔야만 해!

그러나 하나님께서 그렇게 하셔야 하는 것은 아닙니다! 하나님께서는 자신의 표준에 따라 판단하십니다. 자신의 최상의 계획에 비추어 우리 삶을 평가하십니다. 은혜롭게도 우리를 책임지고 인도하시겠다고 제안하십니다. 우리가 우리 삶의 지휘권을 전능하신 선장이신 주님의 손에 넘겨드리면 주님께서는 안전하고도 믿을 수 있게 우리를 인도하십니다.

결혼한 후 대부분의 세월을 중국에서 보낸 어느 부부 선교사의 훌륭한 간증을 결코 잊을 수가 없습니다. 그들은 전쟁과 산적 떼의 습격, 질병, 사랑하는 이의 죽음 등을 겪었습니다. 그럼에도 자기들의 '일생의 약속의 말씀'인 시편 48:14을 인용하면서, 거듭거듭 하나님의 선하심과 하나님의 인도하시는 손길을 확신하노라고 간증했습니다.

이 하나님은 영영히 우리 하나님이시니 우리를 죽을 때까지 인도하시리로다.

"하나님과 함께 걷는 사람은 언제나 그의 목적지에 도달합니다"라고 한 어떤 사람의 말이 생각납니다. 나는 그가 당당하게 도달한다고 덧붙이고 싶습니다. 누더기 옷을 입고 녹초가 되어 간신히 도달하는 것이 아닙니다. 길에서 어떤 시험을 만나더라도 언제나 자신 있게 도달합니다. 그는 언제나 확실한 코스를 따라 정시에 목적지에 도달합니다. 예수 그리스도께서 그의 선장이시기 때문에 그렇게 될 수밖에 없습니다.

찬송가 작사자인 조셉 길모어는 다음과 같이 썼습니다.

하나님 나를 인도하시니 참으로 복되도다!
생각만 해도 기쁘고 평안하구나!
무엇을 하든, 어디에 있든,
하나님의 손이 늘 나를 인도하시네.

다윗도 시편 139편에서 동일한 경험에 대해 썼습니다.

내가 새벽 날개를 치며
바다 끝에 가서 거할지라도
곧 거기서도 주의 손이 나를 인도하시며
주의 오른손이 나를 붙드시리이다.
(시편 139:9-10)

이러한 확신은 하나님과 함께 동행하며 주님의 인도하심을 신뢰하는 사람들만이 가질 수 있습니다. 시편 23편은 이 진리를 아주 아름답게 표현하고 있습니다. 이 땅에서 살아갈 때, 사망의 음침한 골짜기를 지날 때, 그리고 영원한 나라에서도 하나님의 인자하신 손길이 자녀들과 함께하심을 잘 묘사한 이 시편은 수많은 사람들의 삶에 지속적으로 영향을 미치고 있습니다. 이 시편에서 하나님은 우리의 목자요, 인도자요, 공급자요, 붙들어 주는 자요, 보호자요 그 이상이 되심을 알 수 있습니다. 나는 이러한 하나님을 내 편에 모시지 않고 나 혼자서 인생을 살아가는 모험을 결코 하고 싶지 않습니다.

요한복음 10장에서도 선한 목자와 함께 살아가는 삶에 대해 기록하고 있습니다. 그리스도께서는 구원과 축복된 삶으로 들어가는 문입니다(9절). 또한 주님께서는 삶에서 우리를 인도하시는 분이요, 자기 양들을 친밀하게 아시는 분이요, 양들이 즐거이 따르는 분이십니다(4,14,27절). 주님께서는 또한 자기 양을 자기 손과 아버지의 손 안에 안전하게 지키시는 분이십니다(10:28-30). 여기서 하나님과 조화 가운데 사는 행복한 삶의 또 하나의 측면을 볼 수 있습니다. 이러한 성경 말씀들을 통해 하나님께서는 만족스런 교제를 나누는 가운데 주님의 자녀들을 삶에서 인도하시기를 기뻐하심을 잘 알 수 있습니다.

모세는 자신과 이스라엘 백성을 위해 이러한 인도하심을 구했습니다. 하나님께서는 약속의 땅을 향해 이동 중인 백성들을 위하여 완벽한 계획을 모세에게 제시하셨습니다. "내가 친히 가리라. 내가 너로 편케 하리라"(출애굽기 33:14). 이보다 더 좋은 방법이 있을 수 있겠습니까? 이 한마디로 하나님께서는 그들과 함께하시겠다는 다짐과 아울러 애굽에서의 기나긴 고난 끝에 안식을 주시겠다는 약속을 하신 것입니다. 원리는 명확합니다. 만약 그들이 주님을 따르면 주님께서 함께하시고 안식을 주신다는 사실입니다.

모세는 하나님의 인도를 간절히 원했습니다. 그러나 모세는 이보다도 하나님께서 그들 가운데 거하시며 그들을 인도하고 계신다는 사실을 지속적으로 알고 느낄 수 있기를 더 원했습니다. 그래서 그는 이렇게 응답했습니다. "주께서 친히 가지 아니하시려거든 우리를 이곳에서 올려 보내지 마옵소서"(출애굽기 33:15). 모세는 하나님께서 먼 곳에서 인도하시지나 않을까 두려워했던 것 같습니다. 많은 사람들이 하나님에 대해 이런 개념을 가지고 있는 것 같습니다. 그들은 하나님께서 멀리 계시며, 함께 동행하지 않으시며, 그러면서도 많은 것을 요구하시기만 하고 또 판단하시거나 하는 분으로 생각합니다. 모세는 가까이 계시며, 임재를 확신할 수 있고, 말을 걸 수도 있는 하나님을 원했습니다.

하나님께서는 모세에게 아주 특이한 방법으로 자신을 알리셨습니다. 첫째, 하나님께서는 모세가 요청한 대로 해 주시겠다고 확실히 말씀하셨습니다. 모세는 그때 아주 특별한 요청을 하나 더 했습니다. "원컨대 주의 영광을 내게 보이소서"(출애굽기 33:18). 아마도 모세는 떨기나무의 불꽃이나 애굽에서 목격한 열 가지 재앙, 또는 홍해가 갈라진 기적 같은 경험을 생각하고 있었는지도 모릅니다. 그러나 하나님께서는 모세의 기도에 더 놀라운 것으로 응답해 주셨습니다. 먼저 하나님께서는 "네가 내 얼굴을 보지 못하리니 나를 보고 살 자가 없음이니라"(20절)라고 경고하셨습니다. 그러나 하나님께서는 자신의 영광이 지날 때에 모세를 바위틈에 숨기고 손으로 덮으셨다가 떼시겠다고 하셨습니다. "네가 내 등을 볼 것이요 얼굴은 보지 못하리라"(23절).

하나님께서는 모세가 안전하게 볼 수 있는 하나님의 영광이 어느 정도인지, 그리고 하나님께서 지시하신 길을 가도록 격려를 얻기 위해 모세가 보아야 할 하나님의 영광이 어느 정도인지를 알고 계셨습니다. 이것은 참으로 모세의 삶을 바꾸어 놓은 특별한 경험이었습니다. 하나님의 영광을 본 모세는 결코 그 이전과 같을 수가 없었을 것입니다.

우리도 마찬가지로 하나님의 인도하심을 따르기로 해야 합니다. 이것은 우리 삶을 하나님께 내맡기는 과정의 일부입니다. 우리를 인도하실 때, 하나님께서는 특별한 기회를 통해 우리의 영적 배터리를 충전시켜 주실 것이며, 앞에 놓여 있는 어려운 길을 갈 수 있도록 우리를 준비시켜 주실 것입니다. 대개 말씀과 기도로 하나님과 단둘이 교제하는 시간을 지속적으로 가지려면 훈련이 필요합니다. 우리는 하나님께 나아가야 합니다. 또한 하나님께서 성경 말씀의 의미를 깨닫게 해 주실 때 하나님의 목소리에 귀를 기울여야 합니다.

우리는 하나님께서 인도하실 때 의문을 제기하지 않고 신속히 순종해야 합니다. 그렇지 않고는 우리의 맡기는 삶은 불

완전합니다. 그래서 오스왈드 체임버스는 이렇게 말했습니다. "하나님과 논쟁을 벌이고 상식에 따라가는 것은 하나님께 대한 모독입니다." 간단히 말해서 우리가 하나님과 더불어 논쟁을 한다면 축복을 잃게 됩니다.

하나님의 뜻을 행하며 하나님의 길을 걷는 것과는 다른 길도 분명히 있습니다. 그것은 한마디로 '우리 자신의 길을 걷는 것'이라고 요약할 수 있습니다. "그리스도인의 우선순위"의 저자인 그랜트 하워드는 하나님의 뜻을 행하는 것과 만족스런 삶과는 깊은 관계가 있다고 했습니다. 어떤 사람들은 하나님께서 그들을 위해 마련해 두신 길을 의도적으로 거부함으로써 이러한 만족을 맛보지 못합니다. 또 어떤 사람들은 성경에 이미 드러나 있는 하나님의 뜻을 다른 데서 찾느라 혼돈 가운데 빠지기도 합니다. 그는 이렇게 말했습니다.

> 하나님께서는 하나님의 뜻을 찾느라 전전긍긍하는, 즉 혼돈에 빠져 어리둥절해하며, 좌절감에 젖어 있는 그리스도인을 원치 않으십니다. 하나님께서는 확신과 평안 가운데 성경에 나와 있는 하나님의 뜻을 행하는 그런 사람을 원하십니다.

하워드는 또한 하나님의 뜻 안에서 살지 않는 사람은 만족을 얻을 수 없다고 했습니다. 부지중이든 그렇지 않든 간에 그들은 혼돈, 염려, 고민, 의심 등 수많은 감정적인 문제 속으로 들어가고 있는 셈입니다.

단지 인간적인 논리와 개인의 욕구만을 토대로 중요한 결정을 내린다면 그 앞에는 커다란 위험이 도사리고 있습니다. 우리는 모든 사실을 다 알고 있지는 못합니다. 더구나 자신이 계획한 바를 다 행할 수 있을 때까지 산다는 보장도 없습니다(야고보서 4:13-14). 그러므로 우리는 주제넘게 내일 일을 장담해서는 안 되며, 오직 "주의 뜻이면 우리가 살기도 하고 이것저것을 하리라"라고 말해야 합니다(15절).

우리 계획에 관해 하나님과 상의할 시간을 내지 않는 것이 문제입니다. 너무나 바빠서 잠시 멈추고 하나님 앞에서 조용히 시간을 보낼 수가 없다고 생각할지도 모르겠습니다. 너무 바쁘다! 그럴 듯한 대답입니다. 그러나 그렇기 때문에 우리가 하나님을 기쁘시게 해 드리고자 한다면 바로 이런 면에서 우리 삶을 훈련해야 합니다. 우리 계획의 모든 면에 대해서 기도하기 위해 시간을 내야 합니다. 그 계획이 하나님의 말씀에 부합되는지 주의 깊게 따져 보아야 합니다. 또한 경건한 사람들에게 상담도 요청해야 합니다.

우리는 하나님의 뜻에 관한 지식을 얻을 뿐 아니라, 하나님을 알아 가기 위해 훈련해야 합니다. 하나님의 인도를 받는다는 것은 단순히 성경 말씀을 알아 가는 문제만은 아닙니다. 그것은 무엇보다도 인도자인 하나님 곁에 머무르는 것입니다. 하나님과 더불어 친밀히 동행할 때 하나님의 가슴에 우리를 위해 무엇을 품고 계시는지를 알게 됩니다. 그럴 때 비로소 우리는 하나님을 사랑하며, 하나님께 감사하게 되고, 하나님을 기쁘시게 해 드리고자 하는 강한 열망이 생깁니다. 이 과정에는 믿음이 요구되는 것이 사실이지만, 그것은 자신이 원하는 목표를 실현하는 데 대한 믿음이 아닙니다. 오스왈드 체임버스의 말은 우리에게 도움이 됩니다. "믿음이 있다면 결코 어디로 인도되고 있는지에 개의치 않습니다. 다만 인도하고 계시는 하나님을 알고 또한 사랑할 뿐입니다."

우리로 하여금 하나님의 길을 계속 가도록 박차를 가하는 것은 하나님을 향한 이 사랑만은 아닙니다. 그 이상으로 우리에게 동기를 주는 것은 하나님께서 우리를 얼마나 사랑하시는지를 깨닫는 것입니다. 바울이 비록 그리스도를 만나기 전까지는 강퍅한 마음을 지닌 반항자였으나 그는 하나님의 사랑을 깨닫게 되었습니다. 그래서 "그리스도의 사랑이 우리를 강권하시는도다"라고 말할 수 있었던 것입니다(고린도후서 5:14). 자신을 향한 하나님의 사랑을 생각할 때 너무나 큰 감격과 감동을 느낀 바울은 자신의 삶의 목적에 대해 전혀 새롭게 인식하게 되었습니다.

> 저가 모든 사람을 대신하여 죽으심은 산 자들로 하여금 다시는 저희 자신을 위하여 살지 않고 오직 저희를 대신하여 죽었다가 다시 사신 자를 위하여 살게 하려 함이니라. (고린도후서 5:15)

바울은 갈보리를 생각할 때마다 자신을 사랑하셔서 구원

하시려고 목숨을 버리신 예수님이 떠올랐습니다. 이러한 생각은 그의 반항적인 마음을 새롭게 하여 온전히 내맡기도록 했으며, 그를 사랑하시는 주인 되신 예수님께서 이끄시는 곳으로 기꺼이 발걸음을 옮기도록 했습니다. 우리도 십자가를 생각할 때마다 동일한 열정과 헌신을 나타내야 합니다. 이사야 58:11 말씀처럼, 여호와께서는 당신을 항상 인도하실 것입니다. "나 여호와가 너를 항상 인도하여 마른 곳에서도 네 영혼을 만족케 하며 네 뼈를 견고케 하리니 너는 물 댄 동산 같겠고 물이 끊어지지 아니하는 샘 같을 것이라."

11
하나님의 용서를 경험함

다윗은 하나님의 용서에 대해 알았습니다. 그는 이에 대한 성경적인 원리를 알고 있었을 뿐만 아니라, 개인적인 체험도 있었습니다. 죄로 질식 상태에 있는 영혼에게 하나님의 용서는 신선한 공기를 크게 심호흡하는 것과 같습니다. 그것은 또한 무거운 짐이 갑자기 벗어지는 것과 같습니다.

천로역정에서 존 번연은 크리스천이라 이름하는 사람이 갈보리 언덕에서 자기의 무거운 짐이 등에서 굴러 떨어지는 것을 경험하는 장면을 묘사하고 있습니다. 번연은 짐을 벗어버리는 것을 통해 해방감뿐만 아니라, 하나님과의 교제를 회복하는 경험에 대해서도 생생하게 그리고 있습니다.

다윗은 죄로 말미암아 단절되는 무서운 고독감을 체험했습니다. 하나님의 용서를 체험한 후 그는 하나님께서 계속 자기를 사랑하고 계심을 알고 만족스러웠습니다. 이것은 다시 발견한 기쁨이요, 다시 회복한 구원의 즐거움이었습니다(시편 51:12).

사람들이 중풍 병자를 메고 왔을 때 예수님께서는 그에게 놀라운 말씀을 하셨습니다. 예수님께서는 그 병자가 얼마나 오랫동안 병상에 누워 있었는지를 알고 계셨습니다. 그럼에도 놀랍게도 단지 "소자야, 안심하라. 네 죄 사함을 받았느니라"라고 하신 것입니다.(마태복음 9:2) 이는 죄 사함의 축복을 받는 것에 관한 좋은 예입니다. 이 경우에 그 사람의 육체적인 필요는 영적인 필요와 관련이 있었습니다.

의심할 여지 없이 하나님께서는 너그러이 용서하시는 분이십니다. 하나님께서는 사람들을 하나님과의 교제 가운데로 돌이키기를 즐거워하십니다. 또한 아주 특별한 어떤 제안을 하시고, 우리의 반응을 기다리십니다. 이것이 이사야 44:22에 잘 나타나 있는데, 여기서 하나님께서는 자기 백성 이스라엘에게 그러한 제안을 하고 계십니다.

> 내가 네 허물을 빽빽한 구름의 사라짐같이, 네 죄를 안개의 사라짐같이 도말하였으니 너는 내게로 돌아오라. 내가 너를 구속하였음이니라.

이것은 하나님께서 하시는 아주 특별한 일이기 때문에 하늘과 땅에서 즐거워할 만합니다.

여호와께서 이 일을 행하셨으니 하늘아 노래할지어다. 땅의 깊은 곳들아 높이 부를지어다. 산들아 삼림과 그 가운데 모든 나무들아 소리 내어 노래할지어다. 여호와께서 야곱을 구속하셨으니 이스라엘로 자기를 영화롭게 하실 것임이로다. (이사야 44:23)

하나님께서는 받고자 하는 사람 모두에게 용서를 베푸십니다. 경험적으로 볼 때, 인간은 누구나 그러한 궁극적인 용서가 필요하다는 것이 분명합니다. 전문 상담가들의 말에 따르면, 오늘날 많은 사람들이 늘 따라다니는 죄의식 때문에 괴로워하고 있습니다. 이러한 죄의식으로 말미암아 사회생활에도 지장을 받으며, 심지어 자신까지 미워하기도 합니다.

성경을 믿는 경건한 그리스도인이라면 누구나 우리에게 하나님의 용서가 필요한 이유를 단 한마디로 표현할 수 있다는 데 동의할 것입니다. 그것은 우리의 죄 때문입니다. 우리 시대의 쾌락을 추구하는 사람들은, 죄란 도리에 어긋나지만 좋으며, 악하지만 즐거우며, 의문의 여지가 있지만 만족을 준다고 주장합니다. 남녀노소를 불문하고 죄의 우물에서 죄를 들이키면서 소리 높여 그 유익을 선전하고 있지만, 죄는 분명 많은 위험을 품고 있습니다.

잠언 7장에서는 뻔뻔스러운 한 음녀의 예를 들어 이러한 위험에 대해 말합니다. 먼저 이 부도덕한 여인은 교묘하게 먹잇감을 유인하고 있습니다. 그 여인은 거리에 있는 한 지혜

없는 젊은이에게 다가가 그를 붙잡고 입을 맞추었습니다(잠언 7:13). 그다음 구절들에서 여인이 호리는 말을 살펴보십시오. 여인은 성적인 방종을 아주 매력적으로 보이게 하려고 애를 씁니다. 그러고는 죄를 짓자고 그에게 제안합니다. "오라. 우리가 아침까지 흡족하게 서로 사랑하며 사랑함으로 희락하자"(7:18).

이 유혹하는 여인은 이어서 죄를 지어도 안전하며 아무 문제도 없을 것이라고 그에게 확신시킵니다. 이 꾐에 젊은이가 속아 넘어가고 있는 게 분명합니다. 사실 앞부분에서 솔로몬은 그를 가리켜 "어리석은 자, 한 지혜 없는 자"(7:7)라고 불렀습니다. 이 사실은 그가 여인의 제안을 받아들임으로써 입증되었습니다. 21절에서 이렇게 기록하고 있습니다. "여러 가지 고운 말로 혹하게 하며 입술의 호리는 말로 꾀므로."

마침내 그는 올무에 걸려들었습니다. 성경은 냉혹하게 그 젊은이의 운명을 묘사합니다.

> 소년이 곧 그를 따랐으니 소가 푸주로 가는 것 같고 미련한 자가 벌을 받으려고 쇠사슬에 매이러 가는 것과 일반이라. 필경은 살이 그 간을 뚫기까지에 이를 것이라. 새가 빨리 그물로 들어가되 그 생명을 잃어버릴 줄을 알지 못함과 일반이니라. 그 집은 음부의 길이라 사망의 방으로 내려가느니라. (잠언 7:22-23,27)

이 구절은 죄의 계략과 방종의 결과로 치러야 할 대가를 생생하게 보여 주고 있습니다. 이러한 유혹의 패턴과 치명적인 결과는 모든 종류의 죄에 다 해당됩니다. 죄는 매력적인 것 같으나 파멸로 이끕니다. 이러한 파멸은 항상 예견할 수 있는 것은 아니지만 피할 수 없습니다.

성경은 우리에게 자백하지 않은 죄가 있으면 하나님의 축복이나 하나님과의 진정한 교제를 누릴 수 없음을 분명히 가르칩니다. "자기의 죄를 숨기는 자는 형통치 못하나 죄를 자복하고 버리는 자는 불쌍히 여김을 받으리라"(잠언 28:13). 죄는 치명적이요 많은 위험을 품고 있다는 사실은 명백합니다. 그것은 우리로 하나님과 긴밀하게 동행하지 못하게 합니다.

자백하지 않은 죄로 말미암은 몇 가지 위험은 다음과 같습니다.

1. 죄는 단절시킨다. 비록 죄를 지은 사람이 하나님의 자녀라 할지라도 죄로 인해 그와 하나님과의 교제는 깨어집니다. 하나님께서 멀리 계신 것처럼 느껴집니다. 하나님의 축복을 알 수가 없습니다. 더구나 죄를 품고 있는 사람의 기도는 응답이 되지 않습니다(시편 66:18).

2. 죄는 짓누른다. 죄를 지으면 죄의식이라는 짐을 느낍니다. 다윗도 이러한 경험을 했습니다. "대저 나는 내 죄과를 아오니 내 죄가 항상 내 앞에 있나이다"(시편 51:3). 죄의식이라는 무거운 짐이 우리를 짓누르고 있을 때는 다른 어떤 것에도 집중할 수가 없습니다. 일의 능률이 오르지 않고, 인간관계에도 문제가 발생할 수 있습니다.

3. 죄는 판단력을 앗아 간다. 죄를 제대로 다루지 않으면 좋은 판단력을 가질 수가 없습니다. 그리하여 올바른 결정을 내릴 수도, 올바른 방향으로 나아갈 수도 없습니다. 사울왕의 경우가 이를 입증합니다. 죄로 인해 하나님께서 그를 떠나셨기 때문에 그는 신접한 여인에게 조언을 구하기까지 했습니다. 그는 과거에 이런 일이 이스라엘에서 불법이라고 선언했지만, 하나님께서 그를 떠나시자 그 자신이 이런 일을 한 것입니다.

4. 죄는 타락시킨다. 죄가 우리 삶을 지배하게 되면 우리의 가치 판단력이 떨어집니다. 영적으로 낮은 수준의 삶에 만족하게 됩니다. 이러한 변화는 우리가 인지하지 못하는 가운데 일어날 수가 있습니다. 그러나 우리는 누가복음에 나오는 탕자처럼 자신이 이전에는 생각할 수도 없었던 일을 행하고 있음을 별안간 깨닫게 될 것입니다. 우리는 돼지용 사료를 먹고 있을 것입니다!

계속 죄 가운데 살게 되면 점차 하나님과의 교제로부터 멀어지게 됩니다. 자기 나름대로 삶을 훈련해 보려고 할지 모르나 아무 소용이 없습니다. 그러한 훈련은 율법적이 되기 쉽고, 개인적인 만족을 가져오지도 않을 것이며, 하나님께 더 가까이 이끌지도 않을 것입니다. 혹은 죄의식을 떨쳐 버리려고 자신을 훈련하는 데 열심을 기울일지도 모릅니다. 그러나 그러한 자기 개혁을 위한 노력은 실패할 수밖에 없습니다.

내가 배속되어 있던 해군 기지에 어느 조종사가 불시착한 사건이 생각납니다. 그는 다행스럽게도 다치지는 않았습니다. 상관들이 후에 그를 조사했는데, 그는 전체적인 사고 경위를 잘 모르고 있었습니다. 그에게 착륙 장치가 제대로 작동이 되지 않고 있었다는 사실과 비행기가 활주로에 접근할 때 바퀴가 나오지 않았다는 사실을 알고 있었는지 물어 보았습니다. 그는 그 사실을 모르고 있었노라고 했습니다. 그러자 상관들은 "그러면 무선으로 필사적으로 경고를 했는데 왜 회신이 없었나?" 하고 물었습니다. 그의 대답에 그들은 아연실색할 수밖에 없었습니다. "죄송합니다. 조종실에 있는 경적이 하도 크게 울려서 그 경고 소리를 들을 수가 없었습니다." 한 노련한 조종사가 이 말을 듣고 화를 꾹 참으면서 말했습니다. "이봐, 그 경적 소리가 바로 착륙 장치에 문제가 있다는 사실을 알려 주는 것이란 말이야!"

우리도 이 풋내기 조종사와 같은 때가 얼마나 많은지 모릅니다. 우리는 죄를 범해 왔고, 죄의 무서운 결과를 감수하고 있습니다. 그동안 내내 성령께서는 우리에게 그 위험을 경고하느라 필사적으로 애쓰고 계셨습니다. 그러나 우리는 귀를 기울이기를 원치 않았습니다.

해결책은 무엇입니까? 어떻게 하면 죄와 죄의식의 악순환에서 벗어나 평강과 기쁨과 자유를 누릴 수 있습니까? 자백하고 용서받는 길밖에 없다는 게 확실합니다. 이미 살펴본 잠언 28:13은 죄를 성경적으로 다루지 않았을 때 직면하는 위험을 보여 줍니다. 이 구절의 후반부는 어떻게 죄를 올바르게 다루어 하나님과의 교제를 회복할 수 있는지를 말해 줍니다. "죄를 자복하고 버리는 자는 불쌍히 여김을 받으리라."

원리는 너무나 간단합니다. 자백하고 버리는 것입니다. 그러나 우리는 이 문제를 가지고 씨름합니다. 자백하고 버리는 것은 마음의 진실함은 없으면서도 외적으로만 법을 따르는 그런 것이 아닙니다. 고등학교 때의 농구 경기가 생각납니다. 호각 소리가 나면서 경기가 중단되었습니다. 누가 반칙을 범한 것입니다. 반칙을 범하는 것을 목격하지 못한 선수들은 '무슨 일이야? 누가 반칙했어?'라고 생각하며 의아해합니다. 이윽고 스피커를 통해 반칙자의 번호가 방송되자 한 선수가 마지못해 손을 드는 것이 보입니다. 그러나 그의 '자백'에는 적극성과 진실성이 빠져 있습니다. 그는 고개를 숙이고 손을 들었다가 재빨리 내립니다. 그는 마치 "좋아, 내가 잘못한 걸로 하지. 하지만 내가 잘못했다는 생각은 들지 않아"라고 말하는 것처럼 보입니다.

이런 식의 자백은 농구 심판에게는 용납될지 모르나, 하나님께는 그렇지 않습니다. 하나님께서는 이보다 더 진실한 것을 원하십니다. 하나님께서는 죄를 진정으로 뉘우치며, 그 죄에서 벗어나기를 원하며, 다시는 그 죄에 빠지지 않기를 원하는 그런 태도를 원하십니다.

성경은 실제로 두 종류의 근심이 있다고 말합니다. 하나는 하나님께 용납될 만한 것이요, 다른 하나는 그렇지 못한 것입니다.

하나님의 뜻대로 하는 근심은 후회할 것이 없는 구원에 이르게 하는 회개를 이루는 것이요 세상 근심은 사망을 이루는 것이니라. (고린도후서 7:10)

먼저, "사망을 이루는" 이 "세상 근심"이란 어떤 것입니까? 목회자요, 성경 학자인 마빈 빈센트는 이는 "죄 자체를 슬퍼하기보다는 죄의 결과를 슬퍼하는 것"이라고 말했습니다. 그러므로 이와 같은 관점에서는 죄는 들키거나 붙잡힐 때만 죄입니다. 이런 관점을 가지고 있는 사람은 죄를 하나님께 대한 개인적인 거역으로 생각지 않습니다. 그는 단지 죄를 탐탁지 않은 결과를 가져오는 하나의 행위로만 생각합니다. 그런 생각에서 나온 회개는 진실할 수가 없습니다. 이런 식으로 회개하는 사람은 하나님의 용서를 알지 못할 것이며, 죄의 결박에서 벗어나지도 못할 것입니다.

이와는 대조적으로, "하나님의 뜻대로 하는 근심"을 하는 사람도 있습니다. 이 사람은 진정으로 자기 죄에 대해 가슴 아파하며, 그것의 좋지 않은 결과뿐 아니라 그 죄 자체에서 벗어나기를 원합니다. 이 사람은 모든 죄는 다 하나님을 거스르는 것이라는 사실을 압니다. 그는 하나님께 죄를 범했으며, 하늘에 계신 아버지와 다시 새롭게 교제하는 즐거움을 누릴 수 있도록 잘못을 바르게 하기 원합니다. 이런 회개 내지 근심을 하나님께서는 존중하십니다. 이런 회개에서 나온 자백이 참된 자백입니다.

하나님께 나아와 이러한 올바른 태도로 자백하는 사람들에게 주어진 약속이 있습니다. 그런 사람들을 하나님께서 용서해 주시겠다고 약속하셨습니다(요한일서 1:9). 그들은 천국에 있는 하나님의 책에서 그들의 범죄 기록이 말소되고 없으며, 다시는 그 문제가 거론되지 않으리라는 사실을 압니다. 하나님께서는 또한 모든 불의에서 깨끗하게 해 주시겠다고 약속하셨습니다. 이는 우리가 다시 하나님께 예배드리기에 합당한 자가 되었으며, 하나님과의 교제가 회복되었다는 뜻입니다.

진정으로 이런 올바른 태도로 죄를 다루었고, 하나님과의 교제가 회복되었다면, 이제 우리는 진정한 의미의 내맡기는 삶을 살 수 있게 됩니다. 하나님과 동행하는 삶은 율법적인 씨름이 아니라 즐거운 경험이 됩니다. 죄로 인한 장벽은 무너지고, 하나님 앞에서 훈련하는 삶을 탐탁지 않은 것으로 보이게 하는 자기중심적인 방어 자세는 사라집니다. 하나님과의 교제가 올바르게 이루어지고 있다면 하나님의 뜻을 존중하게 될 것입니다. 그때 우리는 기탄없이 "내 원대로 마옵시고 아버지의 원대로 되기를 원하나이다"라고 말할 수 있을 것입니다.

12

하나님의 돌보심에 내맡김

1945년 9월 2일, 일본은 태평양에서의 전쟁 행위를 종식하기 위한 공식적인 항복 문서에 서명했습니다. 서명은 도쿄만에 정박하고 있던 미국 전함 미주리호 선상에서 이루어졌습니다. 태평양 지역 연합군 총사령관인 더글라스 맥아더 장군은 무조건적인 항복을 위한 여러 요구 사항을 제시했습니다. 이 요구에 응하여, 일본 천황은 자기 신하와 백성들이 모든 적대 행위를 중단하고 무장을 해제하도록 성명서를 발표했습니다. 무조건 항복이란 자기의 모든 것을 상대방에게 내맡기는 것입니다.

이것이 완전한 굴복의 좋은 예가 됩니다. 교전 중이었던 두 나라는 평화를 위한 조건에 합의했습니다. 전쟁에서 승리한 나라는 평화를 위한 조건을 결정할 수 있었고, 요구 사항은 무조건적인 항복이었습니다. 패전국은 그 나라와 통치권을 모두 승전국에 넘겨주어야 했습니다.

이를 통해 우리는 매우 중요한 교훈을 배울 수 있습니다. 첫째로, 우리 인간은 오랫동안 하나님과 불화 가운데 있었습니다. 예레미야 6:16에서는 하나님께 대한 이스라엘 백성의 의도적인 반항에 대하여 지적하였습니다. 먼저 예레미야는 동족들에게 하나님께서 그들에게 요구하시는 바를 상기시켰습니다. "여호와께서 이같이 말씀하시되 '너희는 길에 서서 보며 옛적 길 곧 선한 길이 어디인지 알아보고 그리로 행하라. 너희 심령이 평강을 얻으리라' 하나, 그들의 대답이 '우리는 그리로 행치 않겠노라' 하였으며." 또한 예레미야는 그들이 하나님의 이 자비로운 제안에 어떻게 부정적으로 반응해 왔는지를 그들에게 상기시켰습니다. 그들의 대답은 "우리는 그리로 행치 않겠노라"였습니다.

하나님께 대한 그러한 완고한 반항은 인간의 특성입니다. 하나님의 교훈을 마음을 열고 받아들이는 대신, 아담과 하와 이래로 모든 사람은 줄곧 하나님으로부터 등을 돌리고, 화해와 교제를 위한 하나님의 제안을 거절해 왔습니다.

로마서 1장에서는 모든 사람이 이런 식으로 하나님을 거스르는 죄를 범하고 있다는 사실을 분명히 했습니다. 창조주에 대한 인간의 끊임없는 저항에 대해 묘사하면서 우리가 무죄를 주장할 수 있는 여지를 남겨 두지 않았습니다. 성경은 사람들이 "마음에 하나님 두기를 싫어하매"라고 선언했습니다 (로마서 1:28).

사실 사람들은 하나님께 적대적인 자세를 취해 왔습니다. 그들은 "비방하는 자요, 하나님의 미워하시는 자요, 능욕하는 자요, 교만한 자요, 자랑하는 자요, 악을 도모하는 자요, 부모를 거역하는 자"가 되었습니다(로마서 1:30). 하나님께서 이러한 반역적인 피조물을 즉시 멸해 버리실 것으로 생각될지도 모르겠습니다. 그러나 자비로운 하나님께서는 하나님과의 온전한 교제를 경험하기 위해 기꺼이 나아오는 모든 사람들을 반가이 맞아 주십니다. 그때 하나님께서는 승리한 장군이 패배한 적에게 요구 사항을 제시하듯이 말씀하지 않으십니다. 오히려 친절한 아버지로서 말씀하시며, 자기를 희생하심으로써 화해를 제의하십니다.

성경 전체를 통해서 우리는 사랑의 아버지께서 두 팔을 활짝 벌리고 서서, 죄인들이 집으로 돌아오는 것을 기쁨으로 환영하신다는 사실을 알 수 있습니다. 돌아오는 탕자가 집이 시야에 들어왔을 때 목격하게 된 광경이 바로 이와 같았을 것입니다. 아버지는 이 어리석은 아들로 하여금 잘못에 대한 대가를 단단히 치르게 하겠다고 벼르면서 분노 가운데 아들을 기다린 것이 아니었습니다. 사랑이 많고 용서하는 아버지는 아들이 집으로 돌아오는 모습을 보고 너무 기뻐서 달려가 껴안고 입을 맞추며 즐거이 맞이하였습니다.

전쟁은 끝났다!

그렇습니다. 전쟁은 끝이 났습니다. 갈보리에서 예수님의 피로 인해 평화 조약이 체결되었습니다. 주목할 만한 사실은, 그 조약은 우리에게 아무 희생도 요구하지 않는다는 점입니다. 반면 사랑의 아버지께서는 많은 것을 희생하셨습니다. 하나님께서는 독생자를 주셨던 것입니다. 단번에 죄에 대한 형벌이 다 치러졌습니다. 이제 용서를 베풀고 계십니다! 전쟁은 끝났습니다! 모든 적대 행위가 종식되는 때입니다!

우리는 한때 하나님의 적이요 원수이었습니다. 이제 우리는 친구로 환영받고 있습니다. 골로새서 1:21-22에서는 이렇게 말씀합니다.

> 전에 악한 행실로 멀리 떠나 마음으로 원수가 되었던 너희를 이제는 그의 육체의 죽음으로 말미암아 화목케 하사 너희를 거룩하고 흠 없고 책망할 것이 없는 자로 그 앞에 세우고자 하셨으니.

보통 사람들의 관행과는 얼마나 다른지 모릅니다. 정복한 장군은 흔히 자비를 나타내지 않으며, 패배한 적에게 가능한 한 많은 대가를 요구합니다. 그러나 사랑으로 우리를 정복한 하나님께서는 완전한 용서와 완전한 교제 회복을 제의하십니다.

그럼에도 최소한 하나의 유사점은 있습니다. 이 땅의 정복자는 무조건적인 항복을 요구합니다. 그는 패전국에 다른 어떤 선택의 여지를 주지 않습니다. 패전국의 국민은 어떤 대가를 치르고서라도 요구한 모든 것을 내주어야 합니다. 우리 하나님께서도 온전한 항복을 요구하십니다. 모든 것을 내드리기를 요구하십니다. 그러나 우리는 잃는 것처럼 보이는 것보다 훨씬 더 많은 것을 얻게 됩니다. 그것은 요구라기보다는 초청입니다. 또한 형벌이 아니라 축복입니다. 이러한 제의를 도대체 어떻게 거절할 수가 있겠습니까? 나는 순교한 선교사 짐 엘리엇의 말을 좋아합니다. "잃어버려서는 안 되는 것을 얻기 위하여 영원히 간직할 수 없는 것을 포기하는 자는 결코 어리석은 자가 아닙니다."

무조건적인 항복은 자기 고집대로 하겠다고 떼를 쓰며 발버둥 치던 아이가 마침내 잘못을 깨닫고 어머니 품에 안겨 쉼을 누리는 것과 비슷한 면이 있습니다. 엄마의 자애로운 돌봄을 신뢰하고 받아들일 때 모든 저항은 그치게 됩니다. 저항하던 몸부림 소리는 곧 만족과 안도의 숨소리로 바뀝니다. 반항으로 향하던 찡그린 얼굴은 만족과 평화를 나타내는 얼굴로 바뀝니다. 반역의 무기를 내려놓고 하나님 아버지의 품에 안기는 그리스도인에게도 이러한 일이 일어납니다. 그는 사랑의 아버지의 품에서 고요히 안식하게 됩니다.

적대 행위는 그쳤다!

왜 우리는 그토록 반항합니까? 우리는 마치 어떤 정복자로부터도 자신의 영혼을 지키고 자신을 방어해야 하는 기본적이고도 신성한 권리가 있다고 생각하고 이에 집착하는 것 같습니다. 이러한 경향 때문에 우리는 하나님께서 우리를 하나님께로 더 가까이 이끄시기 위해, 그리고 우리 삶을 온전케 하시기 위해, 우리 삶 가운데서 행하시려는 모든 훈련에 저항하고 이를 거부합니다.

어쩌면 우리는 십자가의 온전한 의미를 깨닫지 못했는지도 모릅니다. 우리는 그리스도를 영접함으로 주님께서 주시는 죄 사함과 영생을 받아들였습니다. 또한 우리 구주 예수님께서 갈보리에서 모든 원수를 다 물리치셨으며, 예수님의 승리는 곧 우리의 승리라는 사실까지도 알고 있을 수 있습니다. 그러나 우리는 하나님과의 적대 상태가 십자가상에서 완전히 해소되었다는 사실은 깨닫지 못했을 수도 있습니다. 우리는 지금 "그리스도 안에서 하늘에 속한 모든 신령한 복"을 받았습니다. 이는 우리가 "그의 사랑하시는 자 안에서" 용납되었기 때문입니다(에베소서 1:3,6).

그럼에도 우리 가운데는 아직도 하나님과 교전 상태에 있는 것처럼 행동하는 사람들이 있습니다. 마치 하나님께서 우리에 대해 가장 나쁜 의도를 가지고 계시거나 하는 것처럼 생각합니다. 왜 무기를 내려놓지 않습니까? 계속 우리는 맹목적으로 싸우며, 자만심의 통치를 받으며, 권리를 요구하며, 하나님의 뜻에 저항합니다. 그렇게 하고 있는 중에도 성령께서는 계속 "전쟁은 끝났다. 너는 지금 나의 사랑하는 가족이다. 이리 와서 참된 기쁨과 평화를 누리도록 해라" 하고 우리 마음에 속삭이고 계십니다.

헌신된 자들의 무리 가운데 합류하라!

하나님께 자신을 내맡기는 것은 하나님과 친밀하게 동행하고 있는, 기쁨이 충만한 무리와 합류하는 것입니다. 시편 16:11에서는 우리가 인생길을 걸어갈 때 경험하는, 하나님과의 친밀하고 즐거운 교제를 이렇게 묘사했습니다. "주께서 생명의 길로 내게 보이시리니 주의 앞에는 기쁨이 충만하고 주의 우편에는 영원한 즐거움이 있나이다."

그러한 하나님과의 친교는 특별한 만족을 줍니다. 사도 바울은 디모데전서 6:6에서 디모데에 이렇게 말했습니다. "그러나 지족하는 마음이 있으면 경건이 큰 이익이 되느니라." 지족하는 마음이 없으면 자신이 아무리 경건하다고 주장한들 그 주장은 모두 공허하고 무의미합니다. 사실 참된 경건은 하나님과의 교제 가운데 하나님과 즐거이 동행할 때 우리 것이 됩니다. 바로 그때라야 우리는 삶에서 진정으로 만족을 누릴 수 있습니다.

이처럼 하나님께 자신을 내맡긴 '헌신된 자들의 무리'는 우리에게 또 다른 만족을 줍니다. 거기엔 하나님께 자신을 맡긴 다른 성도들과 친교하는 즐거움이 있으며 또 이 세상 어디에서도 찾아볼 수 없는 특별한 사랑이 있습니다. 그리스도 안에서 같은 동역자로서, 같은 영적 군사로서, 같은 친구로서, 같은 가족으로서 맛보는 사랑입니다.

이러한 무리에 합류할 때 누리는 또 다른 즐거움과 만족이 있습니다. 그것은 아주 중요한 목적을 위해 함께 봉사할 때 경험하게 되는 특별한 즐거움입니다. 우리가 함께 추구하고 있는 목적은 하나님의 목적입니다! 우리가 왜 살고 있는지를 알 때 삶은 전적으로 새로운 의미를 갖습니다.

하나님께 자신을 내맡긴 이들은 하나님의 목적의 본류에 합류했습니다. 그들은 하나님께서 가시는 곳으로 가고 있습니다. 하나님께서 가장 소중히 여기시는 일에 함께하도록 허락된 것입니다. 그 일에 함께할 뿐만 아니라, 그것을 즐기고 있습니다. 하나님과 함께 행하고 있기 때문입니다. 이것이 중요한 것입니다. 그 삶은 풍성하고 목적이 있습니다.

이렇게 자신을 온전히 하나님께 내맡기는 삶을 살 때 우리는 길고도 때로는 힘든 노정을 기쁨으로 받아들입니다. 연단과 훈련에 대해 불평하지 않습니다. 우리를 사랑하시는 사령관이신 주님께서 우리로 통과하게 하시는 장애물 훈련장으로 인해 결코 쓴 뿌리를 갖지 않습니다. 하나님의 연단과 훈련은 이제 우리의 기쁨이 됩니다. 우리는 하나님의 명령을 행하게 되어 즐겁습니다. 즐거이 하나님의 연단과 훈련을 받아들입니다. 하나님의 사랑하시는 사람들의 무리에 합류하게 되었으며, 삶은 과거 어느 때보다 더 가치 있는 삶이 되었습니다.

자신을 내맡기기 위한 단계를 밟으십시오

대부분의 헌신된 그리스도인들에게는 자신의 삶을 내맡긴 결단의 시점이 있는 것 같습니다. 그들은 대체로 그런 새로운 삶을 살기 시작한 때와 장소를 알고 있습니다. 그러나 그런 삶을 계속 살아가는 것은 그렇게 간단하지가 않습니다.

그처럼 단호한 결단도 시작에 지나지 않습니다. 싸움은 계속 진행됩니다. 우리가 이 땅에 살고 있는 한, 방해와 저항이 있게 마련입니다. 뿐만 아니라 우리가 하나님께 넘겨드린 것을 취소하고 되돌려 받으려는 강한 유혹이 언제나 있을 것입니다. 그러므로 종종 결단의 장소로 되돌아갈 필요가 있으며, 그 장소는 십자가 앞이어야 합니다. 거기서 우리를 사랑하시고 용서하시는 구주 예수님의 얼굴을 바라볼 때 우리는 다시금 주님의 뜻을 따르며 주님께 우리 자신을 내맡길 수 있게 됩니다. 처음으로 결단을 하거나 또는 결단을 새롭게 하려고 할 때, 지침이 되는 여섯 단계를 소개하겠습니다.

1. 이해. 이해는 굴복 즉 내맡김의 시작이라고 할 수 있습니다. 하나님께 모든 것을 내맡기려면 하나님의 위대하심에 대

한 기본적인 이해가 필요합니다. 또한 하나님께서 우리를 사랑하신다는 사실도 이해해야 합니다. 하나님께서는 십자가에서 그 사랑을 확실히 보여 주셨습니다. 우리는 하나님께서 우리를 하나님이 원하시는 사람으로 빚어 가시기 위해 우리 속에서 역사하고 계심을 알아야 합니다. 또 그것은 우리에게 기쁨이 될 뿐 아니라 하나님께 영광이 되는 과정이라는 사실을 잘 알아야 합니다.

2. 뉘우침. 우리의 삶에서 완고하고 반항적인 태도로 그릇된 길을 가고 있다는 사실을 깨달으면, 반항을 그치고 하나님께 굴복하며 하나님과 동행하기로 결심해야 합니다.

3. 믿음. 하나님께서 우리에게 용서를 베푸신다는 사실을 믿어야 합니다. 하나님께서 이 용서를 약속하셨습니다(요한일서 1:9). 그리고 하나님께서 우리를 죄로부터 해방시키실 것을 믿어야 합니다. 하나님께서는 우리를 잘못된 길로부터 들어 올리시고, 우리의 길을 닦으시며, 은혜로 우리를 인도하신다는 사실을 믿으십시오.

4. 넘겨드림. 하나님께 굴복하거나 헌신을 새롭게 할 때 우리는 삶의 모든 영역의 통치권을 기꺼이 하나님께 넘겨드려야 합니다.

5. 순종. 단계 4 넘겨드림을 우리의 일상생활에서 한 단계 한 단계씩 적용하여 훈련해 나갑니다. 그것은 하나님과 협력하는 훈련입니다. 하나님께서 무엇을 요구하시든 우리의 대답은 "예, 주님!"이어야 합니다. 또 하나님께서 어디로 인도하

시든 "주님, 기꺼이 따르겠습니다"라고 응답해야 합니다. 어떤 것을 요구하시든 우리는 의심하지 않고, 따지려 들지 않고, 불평하지 않고, 이에 응해야 합니다.

6. 기대. 하나님께서는 우리에게 가장 좋은 것으로 주실 것임을 기대하십시오. 그리고 그것의 진가를 알 수 있게 해 주실 것과 우리를 파멸시킬지도 모를 실패로부터 우리를 지켜 주실 것도 기대하십시오. 우리는 하나님께서 우리 삶에 어떻게 역사하실지를 늘 기대하며 바라는 마음을 가져야 합니다.

아마도 이러한 여섯 단계를 지속적으로 반복해야 할 것입니다. 겟세마네 동산에서 "내 원대로 마옵시고 아버지의 원대로 되기를 원하나이다"라고 기도하신 예수님이 우리의 본이라는 사실을 잊지 마십시오. 이것이 하나님께 내맡기는 삶의 모델입니다. 이보다 덜한 것으로 결코 만족하지 맙시다!

내 원대로 마옵시고

초판 1쇄 발행 : 1989년 2월 14일
개정 1쇄 발행 : 2023년 1월 20일
개정 2쇄 발행 : 2025년 6월 27일

펴낸곳 : 네비게이토 출판사 ⓒ
주소 : 03784 서울시 서대문구 연희로 16 (창천동)
전화 : 334-3305(대표), 334-3037(주문), FAX : 334-3119
홈페이지 : http://navpress.co.kr
출판등록 : 제10-111호(1973년 3월 12일)
ISBN 978-89-375-0636-9 03230

본 출판사의 서면 허락 없이는 본서의 전부 또는
일부의 무단 복제, 또는 원문에 대한 무단 번역을 금합니다.